Aus dem „Adepten"

Johannes H. von Hohenstätten

Mein Dank geht an Peter Windsheimer für das Design des
Titelbildes. Des Weiteren an Ariane und Michael Sauter.

Für Schäden, die durch falsches Herangehen an die Übungen an
Körper, Seele und Geist entstehen könnten, übernehmen Verlag und
Autor keine Haftung.

Copyright © 2013 by Christof Uiberreiter Verlag
Castrop-Rauxel Germany

Herstellung und Verlag:
BoD – Books on Demand, Norderstedt
ISBN 978-3-7322-4753-0

Inhaltsangabe:

Einleitung:

Dieses Buch „Aus dem Adepten" fasst zwei gesonderte Schriften zusammen: „Hellsehen oder Drogen" und „Homunkulus und anderes Geflatter". Oberflächlich betrachtet bilden sie zwei separate Themen, aber beide stehen im Zusammenhang mit dem Buch „Der Weg zum wahren Adepten" von Franz Bardon. Unser Verlag hat sich entschlossen, sie gemeinsam in einem Buch zu veröffentlichen.

In beiden Schriften werden Informationen gegeben, die Franz Bardon in seinem oben genannten Werk leider nur kurz anschneiden konnte. Er schrieb ja im Vorwort zum „Adepten": „ . . . wollte man über dieses hohe Wissen alles zu Papier bringen, müssten ganze Folianten geschrieben werden."

Unsere Aufgabe ist es nun, seinen Wunsch zu verwirklichen und das gesamte Gebiet der Magie und Mystik verständlich an den Mann zu bringen. Ich hoffe, dass wir unserer Aufgabe zufriedenstellend erfüllen.

Vorwort: „Hellsehen oder Drogen".

Ich habe mir dieses Thema nicht nur ausgesucht, weil es fast nur Bücher gibt, welche die Wirkung von Drogen in Bezug auf magische Fähigkeiten loben, sondern weil ich hauptsächlich auf die Besonderheiten der hellsichtigen Schau eingehen will. Gleichzeitig möchte ich aber auch einige interessante Berichte über diese geistige Disziplin veröffentlichen, die sonst im Sumpf der gesamten Literatur untergehen würden. Aus diesem Grund gliedert sich diese Schrift in drei Kapitel: Drogen – Visionäre Schau – Hellsehen.

Da man heutzutage an jeder Ecke Drogen kaufen kann, will ich es nicht unterlassen, aus rein okkulter Sicht auf dieses brisante Thema näher einzugehen.

Mehr habe ich im Vorwort nicht zu sagen.

Hauptteil

Drogen

Gregorius, Quintscher, Douval und Crowley sind nur die Bekanntesten der Vielen, die die Drogen zu magischen Zwecken empfehlen. Der Großmeister der Fraternitas Saturni schreibt mehrfach in seinen „Blättern für angewandte (?) okkulte Lebenskunst" vom Gebrauch verschiedener Drogen, die er den Planeten und Tierkreiszeichen unterstellt. Sein Orden benutzt diese gefährlichen „Hilfsmittel" für Sexualmagie, Beschwörungen, Spiegelmagie usw. Aber in einem Aufsatz „Über die Hexensalbe" schreibt er wiederum, dass sie dennoch für Leib und Seele gefährlich werden können und dass er für deren Gebrauch keine Verantwortung übernimmt. Laut der Wissenschaft sollen diese Mittel Visionen erzeugen und der Körper verfällt in einen Starrkrampf.

Über Quintscher und seinen Drogenkonsum habe ich in anderen Büchern schon mehrfach geschrieben, sodass ich hier nur nochmals betone, dass er drogensüchtig und ohne dieselben nicht in der Lage war, irgendeine magische Wirkung zu Stande zu bringen.

Douval, welcher die „Bücher der praktischen Magie" geschrieben hat, enthält unter anderem den Band „Magie und Toxikologie", in dem er die Wirkung, den Fundort und die Zubereitung der pflanzlichen Drogen genauestens beschreibt. Anion hielt seine Lehrwerke für gefährlich, da man bei ihm anstatt zum Magier zum Drogensüchtigen ausgebildet wird. Als Beweis, dass mein Freund wie immer recht hatte, gebe ich hier eine Zusammenfassung der Tagebuchaufzeichnungen aus dem oben genannten Werk wieder. Man darf jedoch niemals vergessen, dass die „Schau", die solche Personen meinten zu erleben, nicht immer Visionen sind, sondern größtenteils irrige, durch Drogen verursachte Halluzinationen:

Bericht über den 9. Versuchstag mit Mandragora
(S.70-71)

„Der Unterschied zwischen der bisherigen Form der Einwirkung – Räucherungen und Einreibungen – gegenüber der heutigen – ist auffällig. Alle bisher nur angedeuteten Wirkungen traten erschreckend deutlich auf. Beunruhigend ist der beschleunigte Puls und damit verbundene Angstzustände. Mit Mühe halte ich mich zurück, nicht auf die Straße zu laufen, zu schreien oder sonst etwas Verrücktes zu tun. Besorgnis erregend ist eine unerwartete Wirkung auf die unteren Partien des Rückenmarks und dadurch bedingte leichte Lähmungserscheinungen. Als ich mich, Furcht und Unruhe unterdrückend, niederlege, wird mir der Gebrauch der Glieder zunächst unmöglich gemacht. Schließlich lasse ich mich auf Geheiß des Versuchsleiters fallen, und plötzlich ist die Bewegungsfähigkeit wieder da. Nun stellen sich Sehstörungen ein, Visionen treten auf, erschreckend plastisch und nahe. Der ganze Raum um mich scheint voller unheimlichen Lebens zu sein. Ungestalte, formlose, schleier- und nebelartige, wellenförmige, wolkenähnliche, lichte, dann auch dunklere, kompaktere Gebilde erfüllen das Zimmer. Diese Phantome scheinen meinen Regungen und Vorstellungen zu gehorchen, bei Furchtgefühl bilden sich Augen, glühend, scharf, drohend, ein andermal sanfte, lockende, stets aber gefährlich scheinende Gebilde. Unförmige Körper massieren sich, schweben auf mich zu, umhüllen mich; sie gehen ineinander über, lösen sich auf, zerfließen in nichts. Dann ist die Umgebung vorübergehend leer, ohne Leben; und doch scheinen verborgene Kräfte und Wesen vorhanden zu sein, auf ihre Erweckung zu warten. Das alles sehe ich mit offenen Augen. Schließe ich die Lider, sehe ich scheinbar durch sie hindurch; die Erscheinungen sind unabhängig von meinen irdischen Sinnen, das ist sicher.“

Versuchstag mit Mandragora, 60 Tropfen (S.71-72)

„Trotz der dreitägigen Pausen wird der Zwang, das Gift zu nehmen, täglich größer. Bei den ersten Versuchen herrschten die unangenehmen Erscheinungen stark vor, jetzt, beim vierten Male per oraler Zuführung mit wiederum erhöhter Dosis, ist es genau umgekehrt. Das erste Mal ein gleitender Übergang in die Vergiftungserscheinungen, heute, mit einem Male, völlig schlagartig der Eingang, das Sein in einer anderen, veränderten, ja, zauberhaften Welt. Plötzlich verstehe ich, warum dieses Elixier magisches Mittel genannt wird. Meine starke Gereiztheit fällt urplötzlich ab, eine Überreizung, deren ich erst bewusst wurde, da sie nun fort ist. Ich unterdrücke meine Erleichterung darüber und konzentriere mich mühsam auf kritische Betrachtungen. Ich lege mich nieder, obwohl ich zum Tanzen Lust verspüre, schließe die Augen und falle in einen bodenlosen Abgrund. Mühsam reiße ich mich zurück, setze mich aufrecht, um nicht erneut fortzugleiten. Ich gebe mich nun meinen Vorstellungen hin, die ungehemmt und wechselnd auf mich einströmen. Die Gestalten, die mich schemenhaft umwogen, kann ich erzeugen, dirigieren, fortscheuchen. Sie gehören alle einer bestimmten Klasse an; wild, ungebärdig, erschreckend . . . nein, jetzt gleite ich in eine paradiesische Landschaft. Endlich – nach Ewigkeiten – reiße ich mich zurück. In Wahrheit war nur eine Stunde vergangen. Die Wirkung des Narkotikums verfliegt noch schneller als das letzte Mal. In der Nacht darauf plagen mich wilde, erregende Träume, und der heraufdämmernde Morgen ruft Grauen und Lebensangst in mir wach.“

Materialisations-(Beschwörungs-)Versuch mit Hilfe von Cannabis indica (S.72-73)

„Nachdem ich 8 Tropfen der Tinktur getrunken hatte, legte ich mich auf das Ruhebett. Ich entspanne mich, entlasse meine Gedanken, gebe mich ruhig dem erwarteten Ereignis hin. Der Versuchsleiter sitzt im Hintergrund, für den Notfall eingriffsbereit, denn unberechenbar sind die Mächte, die wir beschwören. Es ist später Nachmittag, die Dämmerung senkt sich langsam nieder. Das Zimmer ist unbeleuchtet und liegt im Schatten des herabsinkenden Abends. Eine bleierne Müdigkeit überfällt mich, doch mein Verstand ist hellwach und kritisch. Mein Puls hämmert. Mir ist, als läge ich erst einige Minuten wartend. Später hörte ich, dass mehr als eine halbe Stunde vergangen war. Das durch einen Store verdeckte Fenster liegt hinter mir. Vor mir, in der Ecke, in der ein Schrank steht, leuchten plötzlich grell Augen auf, nur Augen, Augen ohne Körper. Oder vielmehr; der ganze Raum schien der Körper zu diesen Augen zu sein, denn der Raum lebte, in ihm bewegten sich merkwürdige Glieder hin und her. Ich schließe die Augen, um mich zu sammeln. Da nähert sich unversehens und blitzschnell ein sonderbares Etwas, legt sich mir auf den Körper, greift nach meinem Hals. Entsetzt fahre ich hoch, greife nach der schleimigen Masse, stoße gegen etwas Gallertartiges, widerlich Weiches, Nachgebendes. Hinter mir, aus der Ecke, ertönt ein Bannspruch. Der unheimliche Körper lässt ab von mir, zischt böse: „Du wolltest mich sprechen! Sag dein Begehren!"
Eine große Masse wächst vor mir auf, nimmt die Form eines überdimensional großen Mannes in dunklem Gewand an.
„Sag mir deinen Namen", bat ich bebend und hielt Ausschau nach dem Versuchsleiter, der – ich spürte es – gelassen im Hintergrund abwartete. Es war vereinbart, dass er erst bei Gefahr oder auf meinen Anruf hin eingreifen würde.
„Ich frage nicht nach deinem", antwortet die Gestalt.

„Sage mir, woher du kommst", sagte ich mit letztem Mut.
„Das solltest du besser wissen als ich", war die Antwort des
Phantoms. Weitere Fragen beantwortete der Schreckliche nicht, aber
er bemühte sich – so empfand ich es –, mich aus meinem Körper zu
ziehen. Da schreie ich auf, der Versuchsleiter eilt herbei; ein Buch
fällt polternd vom Schreibtisch, eine Kerze, die der Experimentator
entzündet hatte, erlischt jäh, ein strenger Geruch entwickelt sich im
Raum; der Eindringling, den ich beschworen hatte, ist zu meiner
unendlichen Erleichterung verschwunden. Halluzination? Lebend
gewordene Ur-Wesenheit? Täuschung, Traum? Für mich gab es
nichts Wirklicheres als das Erlebte."

Ein Experiment mit Bilsenkraut (S.74-75)

„Unter genauer Kontrolle des Arztes gab mir der Versuchsleiter 10
Tropfen der Tinktur. Das Zimmer ist völlig abgedunkelt, eine violett
gefärbte Glühbirne gibt gespenstisches Licht. Ich setze mich
entspannt an den Schreibtisch, auf dem der präparierte Spiegel steht.
Das Licht fällt über meinen Rücken auf den Spiegel. Nach
Überwindung einer leichten Übelkeit – der Puls, kontrolliert, erhöhte
sich – kam ein angenehmes Gefühl des Freiseins über mich. Das
starre Schauen auf den Spiegel, ohne die Lider zu bewegen, ist an
sich eine anstrengende Sache, doch unter der Wirkung der Droge fiel
mir diese Übung leicht. So rauschten die Minuten in meinen Ohren.
Plötzlich entdecke ich etwas Überraschendes. Aus dem Spiegel, ja,
aus dem Spiegel schlagen eine Art kleine, nebelhafte Flammen,
weißliche Schleier. Schlagartig hört dieser Spuk auf. Ich sehe jetzt
nicht mehr den Spiegel, nichts mehr von der Umwelt, vergesse auch
mich völlig, bin einfach nicht mehr da. Ich befinde mich in einer Art
schwarzem Verlies, der Spiegel bildet einen unbegrenzten Hinter-
grund, aber gleichzeitig auch die Wände um mich, ja, die Wand
hinter mir, die ich eigentlich gar nicht sehen konnte. Das Dunkel ist

aber irgendwie schwach durchleuchtet. Diese Umschaltung vom Hier auf das Dort ist nur dem völlig verständlich, der es selber erfuhr. Innerhalb dieses dunklen Gewölbes nun – scheinbar vor, andererseits im Spiegel – sehe ich jetzt schemenhafte Gestalten . . . sie huschen von einer Seite zur anderen. Dann sehe ich Farben . . . bunt, leuchtend, sich auflösend und wieder verdichtend. Und dann. Das ist das gewünschte, das erwartete Bild. Ich habe mich darauf konzentriert, einen Wink, eine bildhafte Weisung, zu erhalten, die wie eine wirtschaftliche Schwierigkeit zu steuern sei. Ich sehe ein großes, schweres Buch, einer alten Bibel vergleichbar, auf ihm, mit schwingenden Flügeln, ein Adler. Ein Bild, wie aus einem Wappen geschnitten, ein Symbol, eine Allegorie zweifellos, für mich aber im gleichen Augenblick so sonnenklar wie nur möglich, so dass ich laut ausrief: „Ich werde ein Buch schreiben, und es wird Erfolg haben." In diesem Augenblick aber hatte ich schon den Bann gebrochen, den Zauber zerstört. Das Verlies ist wieder zum Arbeitsraum geworden, der Spiegel aus seiner Entrissenheit in die Ordnung dieser Welt zurückgekehrt. Und da bin ich; mit schwerem Kopf und schmerzenden Augen. Der Versuchsleiter flößt mir etwas ein, es hilft, mir die Klarheit des Denkens zurückzugeben. Das Experiment hatte fast eineinhalb Stunden gedauert." – Hinzufügen möchte ich noch, dass der Berichterstatter mit seiner Buchveröffentlichung wirklich Erfolg hatte!

Crowley ist der unbestreitbare Meister nicht nur im – magischen – Drogenkonsum. Da er in jungen Jahren Asthmatiker war, wurde er von den damaligen Ärzten mit Heroin behandelt. Allan Bennet, sein Tutor im Orden der Goldenen Dämmerung, brachte ihn später mit der magischen Wirkung der Drogen in Kontakt, doch seine Sucht verlor er nie. Crowley, der über Gott und die Welt geschrieben hat, verfasste auch ein Buch mit dem Titel „Die Psychologie des Haschisch und Kokain", in dem er seine Erfahrungen mit den beiden Drogen schildert. Darin nennt er Haschisch zurecht „das gefährliche Kraut".

Das Haschisch wird im ganzen Orient geraucht, von Persien über Indien bis nach China drang das Kraut vor. Auch in Afrika wird es genossen. Der bekannte französische Okkultist Stanislas de Guaita ist der Meinung, dass Haschisch die Lockerung des Astralkörpers bewirkt. Das kann durchaus sein, aber er selbst starb an einer Überdosis Drogen! „Wissen ist gut" sagen diese Leute im Rausch „ganz gleich was der Preis dafür ist!" Aber diesen Preis müsste man mit 10 Inkarnationen bezahlen. Und das ist viel zu hoch!

Das Kraut hat mehr eine psychische als physische Wirkung, was aber die Gefährlichkeit nicht mindern soll. Crowley beschreibt drei Wirkungen von Haschisch:

1. Die flüchtige, aromatische Wirkung, bei dem der Konsument in einen Zustand der Selbstbetrachtung kommt, der nicht objektiv ist, aber den Anschein vortäuscht. (Dies merkt man deutlich bei Crowleys Schriften.)
2. Die toxische, halluzinogene Wirkung, indem der Wille und das Bewusstsein überwältigt werden. Gedanken ziehen so rasch an einem vorbei, dass man sie nicht als Gedanken wahrnehmen kann.
3. Narkotische Wirkung, in der man einfach einschläft.

Alle drei Wirkungen vertragen sich nicht mit der hermetischen Schulung und mag man meinen, sein Wille, der dies alles regeln kann, sei noch so hoch und mächtig! **Das ist er nicht! Das ist Selbsttäuschung!** Und so wirkt alleine schon Haschisch, die Geringste unter den Drogen. Wie wirken erst die Härteren? Denn von all den Grazien, die sich um den Thron der Venus drängen, ist die schüchternste und listigste jene, die die Menschen Glückseligkeit nennen. Keine versucht man so eifrig zu erreichen, wie sie, keine wie sie ist so schwer zu erringen. Manche greifen zu Drogen, um sich dieses Glück zu vermitteln. Doch dass diese Drogen, egal ob sie pflanzlicher oder synthetischer Natur sind, Bewusstseinsveränderungen hervorrufen, das bedenkt keiner. In unserer Entwicklung geht es nämlich um die Beherrschung des Bewusstseins, besonderes des Unterbewusstseins und deren Tücken. Die Drogen verschlimmern dies nur und es sprießen neue, unbekannte Charakter eigenschaften empor bzw. niedere, leicht zu beherrschende Eigenschaften explodieren bis in die Unendlichkeit. Eine Beherrschung derselben wird dann unmöglich! Nicht nur dies, sondern auch halluzinatorische und schizophrene Bewusstseinsmomente treten auf. Man wird zum geistigen Krüppel!

Des Weiteren besingt, ja besingt das „große Tier" die Droge Kokain, seine Wunderwirkung, die Kraft, die es jedem Menschen je nach Gebrauch gibt. Für ihn gibt es nichts Besseres. Ein Weiser wird sich hüten, davon zu nehmen, aber ein Durchschnittsmensch von einem Tölpel ist verloren, sagt er. Und er braucht mehr, immer mehr, denn sie zeigt ihm den Weg der nur für ihn bestimmt ist. Der Weg zu seinem Ziel, das sich (irdisches) Glück nennt! Er kann nicht mehr zum normalen Leben zurück, kann es nicht mehr ertragen unglücklich zu sein. Die Intervalle zwischen den Zügellosigkeiten verringern sich. Doch dann verliert die Droge ihre Kraft. Die Dosierungen nehmen zu, die Freuden verblassen. Der Abfall beginnt! Die Nerven ermüden unter der konstanten Stimulation. Sie brauchen Ruhe und Nahrung. Er bricht zusammen wie ein müdes, abgehetztes Pferd, das nicht mehr auf Peitsche und Sporen reagieren kann. Es stolpert, fällt und haucht sein verbrauchtes leben aus. Das ist sein Tod!

Genauso ist es mit dem Sklaven der Droge Kokain oder einer anderen. Bei jedem Schrei nach Euphorie ist es das Einzige, was er tun kann, sich einen neuen Schuss zusetzen. Doch keine Wirkung ist zu spüren. Nur seine Gifte, die den Körper zerstören, sind am arbeiten. Er ist geistig krank, sieht schon Halluzinationen. Er sieht Ratten, graue Katzen, die ihn wie blöd anstarren und die Haut von den Knochen fressen. Auch eine erzwungene Abstinenz bringt nur spontane Erleichterung, denn schon bald wird neuer Stoff besorgt und der Wahnsinnige galoppiert mit dem Stück „Zucker" im Mund in sein Verderben. Doch bevor er stirbt, kommen noch die Qualen der Verdammnis. Der Zeitsinn ist gestört. Minuten des Leidens fühlen sich an wie Jahre des Schmerzes. Diese Hölle existiert in seinem Kopf, ist grenzenlos und ewig und verlässt ihn niemals.

So oder so ähnlich hat es Crowley beschrieben, der ein wahrer **Magier** war, bis zu seinem Fall. Den kennen wir jetzt ja . . . aus diesem Grund betont Bardon das so sehr. Er wusste, dass so was jedem, auch einem Magier passieren kann. Man wird im wahrsten Sinne des Wortes um seine magische Entwicklung und um das eigene Leben be**drogen**.

Im Roman „Auf der Suche nach Meister Arion" wird die Geschichte von den beiden Hippies erzählt, die in jungen Jahren mit der Droge LSD aus angeblich religiösen Gründen experimentiert haben. Das hatte den Nachteil, dass sie willensmäßig zu wahren „Luschen" absanken. Doch der eiserne **Wille** ist der entscheidende Faktor bei der ersten Tarotkarte, die dem Feuer-Element untersteht. Wer den nicht hat, schafft den Weg nicht!

2. Visionäre Schau

Den ersten Bericht einer „Schau" entnehme ich dem Zentralblatt für Okkultismus. Er lautet „Eine interessante Peyotl-Vision" und wurde von Ing. W. Geßmann verfasst:

„Nachdem ich fünf ziemlich ergebnislose Versuche mit mexikanischem Peyotl-Extrakt angestellt hatte, gelang es mir am 25.3. um 9 Uhr abends, eine erste überaus deutliche und interessante Vision zu erhalten. Ungefähr einen Monat vorher hatte ich es zum ersten Mal versucht – allerdings mit nicht allzu hoch gespannten Erwartungen, aus Gründen, die ich gleich mitteilen werde, durch das Einnehmen eines Teelöffels Peyotl-Extrakt in einer Vierteltasse Trinkwasser mich in einen sehenden Zustand zu versetzen, ohne irgendwelche besondere Gedankenkonzentration damit zu verbinden. Nebenbei gesagt, ist das negative oder passive Hellsehen keineswegs empfehlenswert, größtenteils sogar äußerst schädlich und gefährlich! Da ich aber durch persönliche Versuche einwandfrei feststellen wollte, welchen Einfluss das oben erwähnte Pflanzenpräparat ausüben kann, scheute ich nicht, jede Willensaktion nach Möglichkeit auszuschalten, welche eine reine physiologische und psychologische Wirkung des Peyotl hätte beeinflussen können. "

Ich versprach mir im Vorhinein nicht sehr viel von den passiven Hellsehversuchen mit dem Extrakt. Bei der ersten Anwendung hatte ich nach zirka 10 Minuten bei geschlossenen Augen als einzigen Erfolg einen blitzartig vorbeihuschenden, hellviolett gefärbten Lichtstrahl zu verzeichnen. Des Nachts hatte ich vermehrt Träume, die sich bei den darauf folgenden Versuchen vermehrt einstellten. Aber Visionen im Wachzustand blieben völlig aus. Ich beschloss nun, des mich nicht zufriedenstellenden Versuches wegen, die Dosis um das dreifache (gefährlichere!) zu erhöhen und auch einen aktiven

Zustand einzunehmen, d. h. dass ich mich auf das Gewünschte konzentrierte. Einen Abschnitt in meinem Leben, den ich total vergessen hatte, wollte ich wiederbeleben. In der nun folgenden Schau sah ich mich als zweite Person und hatte trotzdem die Gewissheit, „Ich" selbst zu sein. Es trat eine Spaltung der Persönlichkeit auf, bei der beide ihr Selbstbewusstsein behielten. Vorangehend hatte ich die Empfindung des Schwebens durch einen blau-violetten, kreisförmigen Tunnel. Nun zur Vision:

„Über Lapad ging ich, die sagenumwobene Halbinsel. An einem Sonntag Nachmittag war es. Tiefblau und wolkenlos spannte sich das mächtige Firmament über das weite Meer und das blühende, duftende Land. Ganz schwach nur wehte ein lauer Wind und umspielte kosend die massigen Kronen der dunklen Pinien. Von weit her klang verhallend das Geläut der Sonntagsglocken und aus dem freundlichen Tale, das sich zu meiner Linken bis an das Meeresgestade hinzog, erschollen die wehmütigen Töne einer Hirtenflöte. Langsam sank die Sonne. Im Hintergrund ragte die Silhouette des Monte Petka mit seinem dichten Pinienwald hoch auf in den rot erglühten Abendhimmel. Über das leise atmende Meer zogen bunte Lichtstreifen und am fernen Horizont berührte der ungeheure, blutfarbene Sonnenball bereits die ewigen Fluten. Einsam wandelte ich den schmalen Fußpfad, der sich zwischen dichten Gestrüpp, schattigen Pinien, hohen Zypressen und knorrigen Ölbäumen längs des Bergflusses am Meeresgestade hinzieht. Stille ward es rings umher, der letzte Glockenton verklang in den weiten, abendlichen Raum; die Hirten zogen mit ihren Schafherden nach Hause und alles war ruhig. Herrlich war der Abend. Die Sterne funkelten so hell und das Meer spiegelte sie wider. Ein ewiges Firmament über meinem Haupte und eines zu meinen Füßen. Und zwischen diesen unendlichen zwei Welten schwebten meine Gedanken einsam dahin. Losgelöst von allen Fesseln war ich, mit denen der Alltag den Menschen umschlingt, glücklich – und meine Gedanken wurden angesichts der göttlichen Natur zum erhabenen Gebet!

16

So schritt ich weiter langsam bergan. Auf einmal sah ich, wie ein schöner weißer Hund mitten auf dem Weg stand. Er blickte mich an, drehte sich dann um und lief langsam den Pfad voran. Von Zeit zu Zeit blieb er stehen um nach mir zu sehen, als wollte er sich überzeugen, ob ich ihm wohl folge. Immer höher kamen wir. Und plötzlich, bei einer Krümmung des Weges, verschwand der Hund spurlos zwischen dem Strauchwerk.

Ich blieb stehen und blickte mich um. Weit unter mir dehnte sich die dunkelfarbige See. Inseln mit einsamen Tälern und spärlich bewaldeten Bergen lagen gegen Norden hin. Die kleine Mondsichel beleuchtete sie ganz schwach. Und ich konnte den weißen Ufersaum wahrnehmen. Nach Westen hin sah ich nichts als glitzernde Sterne und widerspiegelndes Meer. Alles schien mir so seltsam, so verlassen und einsam, als wären alle Wesen gestorben. Eine kleine Wolke kam von Osten her über die großen Uferberge und schwebte rasch über das breite Tal, das zwischen ihnen und mir lag, gerade auf mich zu. Nun war sie gerade über mir. Langsam senkte sie sich und umhüllte mich und den Berg. Immer dichter wurde der Dunst, der Mond schien nur mehr ganz schwach, die Sterne entschwanden und bald sah ich ringsherum nichts als wogende, graue Nebelmassen. Ich setzte mich auf einen Felsblock und schlief ein.

Da ward mir ein wunderlicher Traum. Der Dunst lichtete sich. Bunte Falter flatterten im hellen Sonnenschein. Unter Palmen saß ich auf dem Berge und als ich um mich sah, konnte ich das Land nicht mehr erkennen. Überall sprossen seltsame Pflanzen in saftigem Grün. Eine Quelle sprudelte unterhalb von mir aus dem Felsen und herrliche Blüten in leuchtenden Farben berauschten durch ihren märchenhaften Duft. Im Tale sah ich friedlich Kinder spielen, nur Kinder, und der Wind trug ihr frohes Singen zu mir herauf. Das Meer hatte eine wunderbare tiefblaue Farbe, die Luft war ganz leuchtend und klar. Weit sah ich hinaus auf fruchtbare Felder, sonnige Täler und wogende Palmenwälder. Der Anblick war wunderbar und alles zeugte von tiefstem Frieden und herrlichster Ruhe, so dass ich mich ganz in einer anderen Welt fühlte.

Auf einmal klang von dem höchsten Berggipfel mir gegenüber ein seltsamer Ruf über das ganze Land. Unbeschreiblich schön und harmonisch war der Ton, ähnlich dem lang gezogenen Ton einer Harfe. Nun erscholl er nochmals und endlich ein drittes Mal. Eigenartig tief in mein Inneres drang dieser Klang aus sonnigen Höhen, der sich im Ersterben gleichsam mit den wogenden Düften der Blühten vermischte.

Als ich mich umblickte, stand ein altes, gebücktes Mütterchen vor mir, das mich mit dunkelglänzenden, jugendlichen Augen unverwandt anblickte.

„Fremdling, dies alles, was Du siehst ist mein Reich, mein großes uneingeschränktes Besitztum und die Kinder die Du siehst, sind mein Volk, mein glückseliges Volk. Sie kennen nur Frieden und Glück, aller Streit und Hader ist ihnen unbekannt. Sie lieben die Natur, ihr Leben und Weben. Du kamst aus der Zukunft zu uns, aus der fernen Zukunft, wo man nur rastloses hasten und heiße Gier kennt!“
Mir war dies alles so rätselhaft und merkwürdig, dass ich schwieg. Das Weib aber fuhr fort: „Du musst wieder zurück in die Zukunft, die Du Gegenwart nennst. Auch für mich wird sie einst Gegenwart sein, wenn ich endlich zur Ruhe gegangen sein werde. Hier will ich schlafen und warten, bis mein Volk mich wieder ruft. Ich selbst bin weder jung noch alt. Mein Volk sieht mich jung und Du siehst mich alt. Ich bin die Königin des Friedensreiches, das einst niemand kennen und welches trotzdem heiß ersehnt sein wird. Und wenn mich alle, alle rufen, werde ich erwachen und mein großes Volk wieder in mein Reich führen!“

Bei diesen letzten Worten wurde das Weib immer größer und größer und schien sich zu verjüngen. Gewitterwolken kamen vom Horizont über das weite Meer gezogen und es wurde schrecklich düster. Ein Sturm erhob sich und die Kinder flüchteten ängstlich. Das Weib aber war ganz jung geworden. Und wieder hörte ich den Ruf vom Berge, diesmal aber klagend. Da wuchs das schöne Weib ins riesenhafte, bis in die Wolken reichte ihr Haupt, das die Blitze umzuckten. Und am Bergfuß donnerte die Brandung, dass die Felsen zitterten. Als der Ruf zum zweiten Mal erscholl, da streckte sich das Weib der Länge nach auf der Erde nieder und beim dritten Klang war es zu Stein geworden. Die Meeresfluten stiegen immer höher und tosten und brausten um den Berg; am Himmel zuckten die Blitze und ein endloser Regen ging nieder.

Ich erwachte, die Mondsichel stand schon tief am Horizont. Der Morgen begann bereits zu grauen, als ich über den Berg „Kuk" meine Schritte heimwärts wandte. Der Babin Kuk bedeutet „Großmutters Hüfte", weil hier der Sage nach ein altes Riesenweib versteinert ruht, dessen Körper die Hügel und Berge auf der Halbinsel Lapad bei Gravosa in Dalmatien bildet. Erwähnt sei noch, dass ich niemals den Inhalt der Sage in Erfahrung bringen konnte und nur den symbolischen Namen des Berges kannte. "

Eine zweite äußerst interessante Vision beschreibt Heinrich Jürgens in seinem Buch „Bewusstes Hellsehen" (S.14-17), dessen Erklärungen zum Erreichen der Schau eher dürftig sind. Doch diese Beschreibung ist sehr aussagekräftig. Das Kapitel nennt sich

Hellsehen im Zustand der Ekstase

*„Die halluzinatorischen Zustände, die durch das Einnehmen von Opium und giftigen Chemikalien hervorgerufen werden, lassen sich **nicht** in die Zustände der Hellseh-Fähigkeiten einreihen. Wirkliches Hellsehen hat immer tatsächliches Geschehen der Vergangenheit, Gegenwart oder der Zukunft als Grundlage. Dagegen sind die*

19

halluzinatorischen Gaukelbilder, die durch die genannten Gifte hervorgerufen werden, reine Phantasien, die jeder tatsächlichen Grundlage entbehren und infolgedessen ohne irgendwelchen Wert für die Betreffenden selbst oder für die Mitmenschen sind."

Vom Prinzip her gleich *„verhält es sich allerdings mit der Einnahme von Pflanzensäften wie Peyotl und Haschisch, sowie auch Alkohol, die starke Spaltungszustände im Menschen hervorrufen und die geeignet sind, in der Psyche Vorstellungsbilder zu erzeugen, die hellseherischer Art sind und oft treffende und klare Schau geheimer Dinge vermitteln. Ausdrücklich aber sei hier darauf hingewiesen, dass die sich aus dem Nehmen genannter Essenzen ergebenden Bewusstseinszustände eine überaus starke Spaltung im Menschen hervorrufen, die sein bewusstes Normal-Ich derart zu überwuchern imstande ist, dass ernste Gefahren für den Körper und die Seele des Narkotika gebrauchenden Menschen daraus entstehen können. Es sei daher vor dem Gebrauch dieser Säfte gewarnt."*

Selbst der Theosoph Leadbeater schreibt, dass es krankhafte Erscheinungen des Hellsehens gibt, die Entweder durch Drogen, Zeremonien wie Tänze oder Krankheiten hervorgerufen werden. Also, so frage ich mich, warum sollte dann Bardon unrecht haben und warum beziehen sich nicht mehr Autoren auf Bardon? Jedoch die Folgen sind dieselben, wie sie Bardon in seinen Werken schildert, geistiger Verfall, Verblödung und Senilität!

„Im allgemeinen ist uns die Wirkung des Alkohols bekannt. Doch gibt es eine Anzahl Menschen, die im normalen Zustand keinerlei mediale oder hellseherische Fähigkeiten verraten. Nehmen sie jedoch nur geringe Mengen Alkohol zu sich, so geraten sie in einen Zustand höchster Sensitivität und Ekstase und vermögen in diesem Zustand (der das Normalbewusstsein schweigen lässt, es lähmt und dem Unterbewussten die Rolle des Führers überlässt) ganz erstaunliche hellseherische Fähigkeiten zu entwickeln. Ich habe

einen Freund, der diese eigentümliche Art der klaren Schau während des Zustandes ganz geringer Alkoholisierung besitzt. Vor mehreren Jahren machte ich mit ihm in einem Vorort von Lissabon einen Spaziergang am Tajo entlang. Es war gegen Abend. Er hatte ein Glas Wein getrunken und befand sich in sensitiver Ekstase. Er sprach in hochtönenden Worten von seiner Zukunft, seiner Braut und begann aus dem Stegreif einige Gedichte zu produzieren. Plötzlich hielt er inne. Sein Blick wurde starr, er erbleichte, und sah starr auf den Fluss hinaus, dessen Ufer im Dunkel verschwammen. Dann packte er mich jäh beim Arm, wies mit dem Finger in die Richtung des Meeres und sagte: „Siehst Du es denn nicht!"

„Was?" war meine Frage.

„Da hinten das Schiff!"

Jetzt verzog sich sein Gesicht, er schrie laut, sank in die Knie, rang die Hände und rief: „Hilfe, Hilfe!"

Ich beugte mich über ihn, fragte ihn leise: „Was siehst Du? Sag es!"

Und nun beschrieb er mir, immer von leisem Wimmern unterbrochen, den Untergang eines Schiffes. Jede einzelne Phase, das Niederlassen der Boote, das Ertrinken mehrerer Menschen, das Einsteigen anderer in die Rettungsboote, die Verzweiflung einer Frau, schilderte er genau. Nach Verlauf einer Stunde fragte ich, wie viele Menschen ertrunken, wie viele gerettet seien. Die Antwort lautete: „Zwei sind ertrunken, sechsundzwanzig gerettet. Das Schiff selbst ist gesunken."

Er erholte sich langsam und wir gingen schweigend nach Hause. Am anderen Tage, als ich meinen Freund traf und ihm von seinen Reden erzählte, konnte er sich nur schwer an das von ihm Ausgesagte erinnern. Es war, als habe er am Vortage einen Zustand schwerer Bewusstlosigkeit durchgemacht. – Zwei Tage später lasen wir in der Zeitung von dem Untergang des Frachtdampfers St. an der portugiesischen Küste. Zwei Mann waren ertrunken, der Kapitän und fünfundzwanzig Mann Besatzung waren gerettet. Hellsehen im Rausch!"

In dem obengenannten Buch schildert ein Europäer die Wirkung des

Meskalinrausches folgendermaßen: „*Peyotl, diese Kakteen kannten früher nur die Indianer Mexikos, die schon vor vielen Jahrhunderten erstaunliche medizinische Kenntnisse besaßen. So gebrauchten sie zu einer Zeit, als man in Europa bei Verletzungen die Glieder des Menschen in völlig wachem Zustande absägte, schon immer örtliche Betäubungen, die wir doch erst seit einigen Jahrzehnten kennen, um sehr geschickte und außerordentlich gut gelingende Amputationen vorzunehmen. Bezüglich der Heilpflanzen besaßen sie ebenfalls ganz außerordentliche Kenntnisse. Interessant dürfte auch in Verbindung hiermit die Erwähnung sein, dass die Kenntnis der Heilpflanzen und ihrer Verwendung nicht etwa das Vorrecht einer gewissen Zunft von Medizinmännern war, sondern dass fast jeder Indianer die Fähigkeit besaß, Heilpflanzen für sich und andere anzuwenden. Seitdem die weiße Rasse dann Besitz vom Lande genommen hatte, sorgte sie gründlichst für die Ausrottung dieser Volksheilkunst. Was der Indianer als spärlichen Rest dieser Kunst in die heutige Zeit herüber gerettet hat, ist das Wissen um die Verwendungsfähigkeit der Peyotl zum Zwecke des Rausches. Dieser Rausch bewirkt einen Zustand der Besessenheit im Menschen, der in der durch Gift bewirkten psychischen Spaltung sich äußert und ganz außerordentliche hellseherische Fähigkeiten in ihm entwickelt. Es ist also gewissermaßen die künstliche Herbeiführung eines medialen Zustandes. Die Indianer gebrauchen den Saft der Peyotl bei Festlichkeiten. Unter großen Feierlichkeiten und vielen Zeremonien wird der Saft der Peyotl mit einem Agavenwein von den Indianern gemischt. Auch ich trank bei dieser Gelegenheit davon. Schon nach kurzer Zeit fühlte ich jede Schwere verlieren. Es war eine Art von Levitation. Ich ging nicht mehr auf der Erde, sondern ich schwebte leicht darüber hin. Mein Körper selbst veränderte sich scheinbar ebenfalls; meine rechte Seite wurde schwerer als die linke, beide Hände erschienen mir wie Riesentatzen. Während dieser Zeit führten die Indianer pantomimische Tänze auf, die einen durch Tiere verfolgten Hirsch darstellen sollten. Ich bin mir allerdings nicht klar, ob diese Tänze in Wirklichkeit getanzt wurden oder ob es nur Gedankenbilder waren, was ich sah. Denn die Raubtiere darstellenden Indios verwandelten sich zu wirklichen Raubtieren; die Verfolgung des Hirsches und seine schließliche Erlegung war für mich sensationell und aufregend, ja, ich empfand vor den Raubtieren wahrhafte Angst. – Als ich dann die Augen schloss, erschienen mir unglaublich schöne Bilder, voller Farbe und lebendigen Inhalts. Ich sah Menschen, Landschaften, Tiere, Vorgänge in weit entfernten vielleicht astralen Ländern. Dauernd wechselten die Bilder, die Farben, die Lichtreflexe. Ich vergaß völlig, dass ich auf Erden lebte, hatte auch keine Sehnsucht zur Rückkehr und geriet so in den Zustand heller Verzückung. Als ich dann nach langer Zeit die Augen öffnete, erschaute ich alles um mich her in veränderter Form. Alles sah anders aus, die Bedeutung der Dinge war für mich völlig verändert; die Ausdehnung der Landschaft und der Sachen war anders geworden, was sonst klein, erschien mir groß, und was groß, wurde klein und unscheinbar, die Dinge hatten eine andere Farbe angenommen. Es war ein Zustand totaler Besessenheit, es war, als sei ich in zwei Wesen geteilt. Eines, das zuschaute und interessiert sah; das andere, das all diese Dinge veränderte, von der Akustik angefangen bis zur Optik und dem inneren Vorstellungs-Erlebnis. Auch der Begriff der Zeit schwindet völlig; man wähnt, der Zustand dauerte viele Tage und Wochen; in Wirklichkeit dauert der Rausch nur einige Stunden. Die Erden-Daseins-Gesetze scheinen völlig aufgehoben, ein Glücksgefühl ohnegleichen beherrscht Körper und Seele."*

Wenn man bedenkt, dass die verschiedenen Wirkungen wie zum Beispiel die einseitige Gewichtsverlagerung von den Fluiden kommt oder das Kleine wird groß und umgekehrt, dann sind diese Formen der visionären Schau, obwohl sie auf der Basis von Narkotika aufgebaut ist, dennoch äußerst spannend und lehrreich. Deswegen komme ich nicht umhin, noch eine weitere Vision zu beschreiben. Sie trägt den Titel **„Der Magnetismus des Haschischrausches im Orient"**:

„Die verwünschte Neugierde des Zivilisationsmenschen! In Damakus versuchte sie mich wieder, Gott weiß welche Dinge aus eigener Erfahrung kennen zu lernen und dass es dabei manchmal Beulen und noch verschiedene andere Dinge absetzte, versteht sich. **Indes die Neugier achtet nicht darauf!** *Ein Opfer aber, das ich diesem europäischen Erbübel brachte, wird mir unvergesslich bleiben und sollte ich alt werden wie Methusalem. Das war ein Versuch mit dem berühmten Haschisch, welches dem luxuriösen Syrer reizendere Träume gewährt, als sie der Türke aus seiner Opiumpfeife raucht. Der Gebrauch des Haschisch einer Zurichtung aus dem Harz der Blüten und Blätter des weiblichen, indischen Hanfes, ist ja im Orient schon seit Jahrhunderten bekannt und herkömmlich. Ein Aufguss dieser Pflanze gibt in einem Trank „Bhang", der in Indien sehr häufig gebraucht wird, seine Eigentümlichkeiten. Obgleich die unmittelbaren Folgen des Haschischrausches mächtiger zu sein scheinen als die des Opiums, so führt doch sein angewöhnter Genuss, wenn er auch einmal am Körper bedenklich rüttelt, nicht die gänzliche Zertrümmerung des Geistes und der Nerven herbei, welcher sich ein Opiumraucher aussetzt.*

Ich hatte schon früher in Smyrna (heute: Izmir) einen Versuch mit Haschisch in milder Form gemacht. Ob nun das Haschisch nichts taugte oder ob die Krämer mich betrogen hatten, kurz, ich spürte durchaus keine idealen träumerischen Folgen, sondern das prosaische Gefühl der Leibschmerzen, also dass ich das Haschisch bereits zu den schönen Erfindungen phantasiereicher Orientreisender rechnete. Aus diesem Grund plagte mich in Damaskus, als ich leibhaftigen Haschisch von Angesicht zu Angesicht sah, die holde Neugier, zu erproben, was für ein mächtiges Traumgebiet dieses durchaus nicht appetitlich aussehende Gift in einem ehrlichen deutschen Gemüte ausmalen werde.

Zwei Reisegefährten, ein deutscher Landsmann aus dem biederen

Schwabenlande, und ein Engländer, beschlossen mit mir zugleich den Versuch zu machen. Der Diener des Engländers erhielt den Auftrag, eine hinreichende Portion Haschisch herbeizuschaffen. Es war ein brauner, bohnenstangendürrer Ägypter, der nur die lingua franca des Orients sprach und ehe er fortging, das Geforderte zu holen, mich fragte: „Per ridere o per dormire."
„Per ridere, natürlich, aber stark und frisch."

Die Syrer haben die Gewohnheit, eine kleine Portion unmittelbar vor dem Abendessen zu nehmen, weil sie mit den Speisen im Magen verteilt und deshalb langsamer und milder wirkt. Da unsere Essenszeit gegen Sonnenuntergang war, so schlug ich vor, Haschisch sogleich zu nehmen; meine Freunde aber fürchteten, die Wirkung könne sich zu schnell einstellen und sie zu Torheiten in Gegenwart anderer veranlassen. So warteten wir bis nach dem Abendessen, stiegen in das Zimmer meines schwäbischen Landsmannes und abgesondert von den übrigen, schlossen wir die Türe hinter uns zu.

Zuerst nahm jeder einen Teelöffel voll von der Mischung. Das war soviel, wie ich früher in Smyrna genommen hatte. Wir nahmen aber noch einen Teelöffel voll, obwohl das Zeug bitter schmeckte, etwa wie Wermut. Wir ließen den Teig auf der Zunge zergehen, blieben sitzen und harrten der Dinge, die aller Voraussetzung nach kommen mussten. Da wir indess erst gegessen hatten, wirkte das Haschisch nicht sofort und ich war versucht, abermals das Haschischessen für eine bittersüße Erfindung zu halten, an der im Orient ja kein Mangel ist. Um aber unsererseits das Erforderliche nicht zu versäumen, nahm jeder von uns noch einen halben Esslöffel von der Mischung und trank dazu eine Tasse heißen Tee, welcher die Kräfte des Haschisch hervorrufen musste, sofern es deren besaß. Es war zehn Uhr geworden, in den Straßen von Damaskus wurde es still und stiller und nur unten im Marmorhofe herrschte nächtliches orientalisches Leben.

Ich saß allein, fast in der Mitte des Raumes, und plauderte mit den Freunden, die im Alkoven auf dem Diwan lagen, als sich in mir ein Gefühl der Leichtigkeit zu erkennen gab. Es schoss mir heiß und klopfend durch Adern und Nerven. Das Gefühl der Beschränkung – die Begrenzung der Sinne auf Fleisch und Blut – fiel wie eine Kette von mir. Das Blut, das mir von Herzen strömte, schien meilenweite Entfernung zu durchlaufen. Die Luft, die ich in die Lungen sog, breitete sich in einem Ozean klaren Äthers aus und die Wölbung meines Kopfes schien unermesslich wie die Wölbung des Himmels. Ich schwamm auf dem Ozean liebenswürdigster Täuschungen. Die Winde und Strömungen folgten rascher einander und wurden mächtiger. Ich sah mich umgeben von Wogen, Harmonie und Licht, worin die reinsten Farben spiegeln.

Während ich die Freude der Empfindung in abgebrochenen Worten meinen treuen und noch ungläubigen Freunden zustammelte, ward mir, als sei ich an das Ufer versetzt. Das Ufer aber war der Fuß der großen Pyramide des Cheops. Der gelbliche Kalkstein glänzte wie Gold in der Sonne. Der Bau stieg hoch empor, so hoch, dass er sich an den blauen Bogen des Himmels zu stützen schien. Ich wünschte, hinaufzusteigen und der Wunsch genügte, mich wie auf Flügeln auf die Spitze zu heben. Tausend Fuß über die Weizenfelder und Palmenhaine des sonnigen Ägyptens! Aus dieser Höhe schaute ich hinunter. Ich stieg hernieder wie Christus vom Felsen der Versuchung und wandelte durch die Wüste wie der Herr auf dem Meere. Und die Luft war erfüllt von lieblichem Licht. Mit der Seeluft zugleich atmete ich Wohlgerüche und Harmonien umschwebten mich. Die Luft war voller Licht und voller Wohllaute. Und meine Sinne waren für alle Schönheiten empfänglich. Vor mir weitete sich meilenweit über den Wassern eine Halle von Regenbogen. Die Farben der Regenbogen aber umarmten sich mit dem Feuer von Edelsteinen. Zu Tausenden zogen sie an mir vorüber, während mein Schifflein in jener Halle schwamm, aber das Ende konnte ich noch immer nicht erblicken. Ich schwelgte. Meine Seele erfüllte ein

Triumphgefühl, denn meine Meerfahrt war die eines Eroberers der Kräfte der Natur. Die Geister des Lichtes, der Farbe, des Geruches, des Tones und der Bewegung waren meine Sklaven und mit ihnen beherrschte ich das Weltall. Mohammeds Paradies mit seinen Rubin- und Smaragdpalästen, seiner Moschus- und Kassialuft, seinen Flüssen kälter als Schnee und süßer als Honig öffnete sich gegen Osten und Norden. Die Fülle des Entzückens dehnte sich auf das Gefühl der Zeit aus und obgleich die ganze Vision wahrscheinlich nicht länger als fünf Minuten durch meine Seele zog, so schien es doch Jahrzehnte, während welcher ich jene Fahrt unter blendenden Regenbogen unternahm.

Allmählich aber schwanden die farbigen Bogen der Atmosphäre. Das Meer war eine Gegend der grünen Auen mit sanften Hügeln. Leute kamen in schimmernden Gewändern von den Höhen herab und baten mich, ihnen Wasser zu reichen. Die Mädchen aber trugen blühende Zweige in ihren Händen. Und ich nahm einen Zweig, brach die Blühten ab, steckte sie in die Erde und siehe, sie verwandelten sich in farbige Marmorbecken, aus welchen Wasser sprudelte. In demselben Augenblicke aber, wo ich von der Pyramide auf das Niltal herabschaute, unter der Regenbogenhalle hinschwamm und aus Blumenbecken Wasser quellen ließ, sah ich zugleich den Mosaikboden, die sarazenischen Nischen, die vergoldeten Decken- balken und den Alkoven im Zimmer. Philosophen aber riefen mir zu, der Geist könne zweierlei auf einmal tun und sei selig zu dieser Stunde. Nun aber wurde ich eine Masse durchsichtiger Gallerte und ein grober, dicker Koch goss mich in eine geschnörkelte Form, was mir durchaus nicht angenehm war. Ich wand und krümmte mich, um in alle Ecken der Form zu dringen und ich glaubte, die Windungen und Verzerrungen, in die mein Körper gezwungen wurde, würde manchem Zuschauer ungeheures Vergnügen bereitet haben und der nüchterne meines Doppelkörpers lachte denn auch aus Leibeskräften darüber. Während dieses Lachens änderte sich dieses Bild nochmals. Ich hatte gelacht, bis mir die Tränen in die Augen kamen. Jede Träne

27

aber wurde zu einem großen Brote und fiel mit einem Plumps regelmäßig auf den Tisch eines Bäckers im Bazar zu Damaskus. Je mehr ich lachte, um so schneller fielen die Brote und umso größer wurden sie, so dass sie bald einen Haufen um den Bäcker bildeten, von dem ich nur noch den Skalp sah. Und wenn der Mann unter dem Brot erstickte, rief ich laut, ich kann es nicht ändern.

Gleich darauf folgt ein gellender Schrei, mein Landsmann aus Schwaben sprang auf und rief: „Herrgott, ich bin ein Dampfwagen geworden!" Auch bei ihm stellte sich die Wirkung des Haschischs ein, aber er kam aus der Dampfwagenvision nicht heraus. Über zwei Stunden lief er im Zimmer hin und her; dabei pustete er in lauter starken Stößen und bewegte die Arme, als wären es Räder einer Dampflokomotive.

Es war fast Mitternacht. Ich war durch die Himmel des Haschisch-Rausches gegangen und wurde in die Hölle gestürzt. Ich musste für meine europäische Neugier schwer büßen, denn ich hatte eine Dosis genommen, die für sechs magenfeste Syrier ausgereicht haben würde. Das Blut wälzte sich mir durch die Adern, wie Wellen im Meer beim Orkane. Es drängte sich mir in die Augen, bis ich nicht mehr sehen konnte, es donnerte mir in den Ohren, wie wenn eine Batterie abprotzte und es rüttelte an meinen Magenwänden, dass mir himmelangst wurde. Dabei war es mir, als fülle sich Kehle und Mund mit kochenden Blute an. Eine Angst trieb mich fort aus dem Zimmer und ich lief auf dem flachen Dache des Hauses wie wahnsinnig umher.

Schauerlich war das Gefühl, es werde mir das Gesicht mit jeder Sekunde hässlicher und hagerer. Unwillkürlich hob ich die Hand, um zu fühlen, ob ich wirklich so schnell abgemagert sei. O Entsetzen! Das Fleisch war ganz verschwunden. Ich trug einen Totenkopf auf den Schultern. Ich stürzte an die Dachlehne und starrte hinunter in den stillen Marmorhof des Hotels, das der Mond mit gelben Lichte

28

erhellte.

„Soll ich mich hinunterstürzen?" frug ich den Groom. Der aber schien Grauen vor meinen Totenkopf zu haben, denn er lief davon. Mich aber zog es wie mit unsichtbaren Händen von der Lehne zurück. Ich kehrte unter reißenden Schmerzen in mein Zimmer zurück. Mein Freund war immer noch ein Dampfwagen und lief puffend und zeitweilig grell schreiend, um die Signale nicht zu vergessen, im Zimmer umher. Mund und Kehle waren ihm vertrocknet wie mir und er griff hastig nach dem Wasserkruge. In dem Augenblick aber, wo er trinken wollte, lachte er laut auf, gab ein Signal und sagte dann: „Wie kann ich denn Wasser in meinem Kessel bringen, während ich Dampf auslasse?"

*Ich fühlte seine Tollheit nicht mehr und sank tiefer und tiefer in Verzweiflung, die schrecklicher noch war als das Zerren und Reißen meiner Nerven. Bald musste ich, das erkannte ich, völlig in den Händen des **Dämons** sein. Dazu gesellte sich die Furcht, ich werde oder sei schon wahnsinnig. Weit weniger war die Besorgnis, an den Folgen des Haschisch sterben zu müssen.*

Endlich warf ich mich auf mein Bett, während das Blut noch mit unveränderter Wut durch meine Adern kreiste, die Zunge steif und hart wurde. Mein Freund nährte sich allmählich dem selben Zustande. Da aber das Haschisch weniger stark auf ihn eingewirkt hatte, gab er seine Leiden um vieles lauter zu erkennen. Er schrie mir zu, er müsse sterben, er beschwor mich, ihn zu retten und belegte mich schließlich mit Ehrentitel schwäbischer Zunge, weil ich ruhig liegen blieb, ohne auf seine Gefahr zu achten. Ich aber dachte mir: Er mag sterben – der Glückliche! Aber ich? – wahnsinnig! Auch dies Gefühl hielt nicht lange mehr an und ich versank in Erstarrung. Das mag gegen drei Uhr früh gewesen sein. In der Erstarrung lag ich dann den ganzen folgenden Tag und die ganze folgende Nacht. Nur selten dämmerte ein schwacher Schein von Bewusstsein in mir auf, man erzählte mir später, ich sei in dieser Zeit sogar aufgestanden, habe mich angekleidet und zwei Tassen Kaffee getrunken, dann sei ich aber sofort wieder in tiefen Schlaf gesunken. Am Morgen des zweiten Tages erwachte ich endlich, aber mit einem Jammer. Alle meine Nerven waren verstimmt, wie die Seiten eines Instruments, auf dem ein Rasender gespielt hatte. Was ich aß, hatte keinen Geschmack, was ich trank, erquickte mich nicht, was man mir sagte, verstand ich nicht und eine zusammenhängende Antwort brachte ich nicht zuwege. Wille und Verstand waren nun zurückgekehrt, aber sie wankten bedenklich. Später nahm ich ein kaltes Bad. Aber immer fiel ein Schleier auf meinen Geist. Endlich aß ich ein halbes Dutzend in Essig aufbewahrte Zwiebeln und trank den Essig dazu. Aber noch drei Tage hindurch spürte ich die Folgen meines ersten Haschisch-Rausches und erst als wir die Reise über den Antilibanon nach Heliopolis fortsetzen, wurde der Geist in der herrlichen Bergluft frisch und gesund und das Herz, das schon in der gräulichsten Todesnacht gezittert hatte, wurde froh.

Wenn mich nun auch die Neugier des Kulturmenschen nie mehr verführen soll – bereut habe ich den Rausch von Damaskus niemals. In jenen Stunden wenigstens habe ich die sonst unerklärlichen Gemälde der mohammedanischen und buddhistischen Seligkeiten verstanden und nach ihrer Entstehung enträtseln können. Der menschliche Geist weist geheimnisvolle Kräfte auf, die über den alltäglichen Begriff von Erde und Menschen hinausreichen, Begriffe, die unserer Welt wohl angehören, uns aber noch nicht zu eigen sind.

Im Haschisch-Rausche spürte und empfand ich einmal, das überirdische sah ich mit irdischen Augen und mein Geist verstieg sich damals in Gegenden, die für unsere Weisheit noch im Dunkeln liegen."

Was der Autor dieser Begebenheit nicht wusste, ist, dass es ohne Drogen noch viel schönere und jederzeit wiederholbare Vision oder astrale Schau gibt, die die oben beschriebene bei Weitem überbieten. ist. Das Wie steht im „Weg zum wahren Adepten"!

3. Hellsehen

Zu Beginn dieses Kapitel will ich noch den kleinen aber sehr feinen Unterschied zwischen dem wahren Hellsehen und der Spiegel- oder Kristallschau durch „Anstarren" erläutern. Viele wenn nicht alle denken, dass sie nur in einen magischen Spiegel blicken müssen und schon haben sie eine Vision. So steht es zumindest in allen Büchern über diese Praxis. Doch das ist ein riesiger Irrtum! Bardon sagt klipp und klar, dass der Spiegel geladen werden und er deutet auch noch an, dass man dies in Verbindung mit den göttlichen Eigenschaften machen muss. Er schreibt im Kapitel über die Ladungen des magischen Spiegels – „Der magische Spiegel als Abwehrgerät schädlicher und unerwünschter Einflüsse" – dass man „die Eigenschaft der Unantastbarkeit und Undurchdringlichkeit imaginativ hinein versetzt", um überhaupt eine Wirkung zu erzielen. Das ist bei anderen Ladungen auch der Sinn. Diese beiden oben genannten Eigenschaften sind „göttliche" und man muss sie erst verwirklicht haben, wenn man bei der Ladung und bei der Schau von Erfolg sprechen will. Magie ist auch die „göttliche Kunst!"

Spießberger und Douval bringen uns zwar Berichte der spiegelmagischen Praxis, aber das hört sich nicht so an, als wären da „Könner" am Werk, sondern eher magische Stümper. Spießberger schreibt in seinem Buch „Magische Praxis", dass er mit seinem Freund vor einem Spiegel sitzt, hineinstarrt und plötzlich Veränderungen auf der Spiegeloberfläche wahrnimmt.

Er schreibt wörtlich (S. 259): *„Kaleidoskopartig wechselten die Bilder, viele verschwanden, noch ehe sie sich recht geformt hatten; eines floss ins andere über, fratzenhafte Teile eines unbekannten Wollens, mehr Schatten als Form, bloß die eine oder andere Partie des Gesichts beherrschend. Eine Fratze jedoch mit unförmig breiter*

Nase und übergroßen Nüstern zeigte sich des Öfteren mit großer Deutlichkeit (sogar Wochen später bei Wiederholung des Versuches, wobei sie sogar von einer dritten, nichtsahnenden Person wahrgenommen wurde). In diesem Wust wenig Menschliches an sich habender Grimassen erblickte ich für kurze Zeit ein harmloses, schmales Antlitz, ein geradezu neckisches Gesicht mit zierlich kleinem Bärtchen. Ein echtes Geckengesicht, schoss es mir unwillkürlich durch den Sinn, schrieb aber die Erscheinung meiner Einbildung zu . . . "

Später erwähnt er dann aber, dass *„nicht jedes Experiment gelingt. Oftmals verlaufen die Versuche gänzlich negativ, andere hinwiederum sind nur für einen Teil der Beobachter von Erfolg begleitet."* Einem wahren Magier dagegen gelingt jeder Versuch, denn sonst wäre er nicht „wahr"! Ist das dann hellsichtige Spiegelschau, wenn der Autor weder von einer Ladung spricht noch von einer Verbindung mit Akasha, wie es F. Bardon im „Adepten richtig beschreibt?

Douval schreibt zwar, dass man den Spiegel mit Lebenskraft laden muss, mehr aber nicht. Aber zumindest sind seine Berichte interessanter. Im sechsten Band seiner Reihe – „Hellsehen als experimentelle Magie" – gibt er fortschreitende Erfahrungen preis. Es gibt kein besseres Anschauungsmaterial darüber, denn der Schüler der Hermetik erkennt sofort wo die Fehler liegen bzw. werden sie durch meine Kommentare kenntlich gemacht. Man sieht dann genau, wie man es nicht machen sollte. Ich zitiere der Wahrheit wegen das Wichtigste zusammengefasst (S.82-93):

Vorbereitungen

„Nach allseitiger gründlicher Vorbereitung, besonders nach lange währendem Training der Augen durch schwarz-weiße und farbige

Kontrasttafeln (Wozu?) bin ich nun an die ersten Hellsehübungen gegangen, um jetzt auch zu sehen, wo ich empfinde und erkenne. Ich arbeite abwechselnd mit präpariertem magischem (schwarzem) Spiegel und einer Kristallkugel. Beide Konzentrationshilfen habe ich vor Beginn der Übungen unter suggestiver Beschwörung mit starken Odmengen aufgeladen, und sie so hoffentlich recht für mein Werk bereitet und für feinodische Strömungen aufnahmefähig gemacht. Ich arbeite im allgemeinen auf einer Couch liegend, Spiegel oder Kristall, auf dem Untergrund eines schwarzen Tuches ruhend, ungezwungen in den Händen vor mir haltend und fixierend. Wo veränderte Verhältnisse herrschten, bemerke ich das."

Weitere Vorbereitung

*„Zunächst einmal ist der 2. 5. bereits mein 26. Übungstag, und ich hatte bisher alle Mühe, mich an die Ruhigstellung und Beschwerdefreiheit der Augen, an das Nichttränen und Nichtblinzeln, zu gewöhnen. Heute ist mir das alles zum ersten Male vollständig gelungen. Die Übungszeit ist stets dieselbe, d. h. ich beginne abends um 20.30 Uhr. Das Zimmer ist stets verdunkelt, da es zur Straße zu liegt und selbst bei Dunkelheit störende Lichtreflexe, z. B. von vorüberfahrenden Autos, ins Zimmer dringen würden. Meine Gesundheit ist, allgemein gesehen, gut. War der Grad der erreichten Konzentration gut, habe ich das vermerkt. Wurde volle Konzentration nicht erreicht, traten auch keine Ergebnisse ein. Die Beleuchtung war fast stets die einer durch ein violettes Tuch abgeschirmten Glühbirne 40 oder 25 Watt, niemals stärker **(schreibt Bardon, dass man dazu elektrisches Licht nehmen soll?)**; andere Umstände habe ich vermerkt. Eingenommene Arzneien oder etwa verwendete Narkotika **(gefährlich!)** bzw. Räuchermittel und ihre Wirkung auf den Übungsablauf habe ich vermerkt. Die Atmung habe ich erst zum Schluss meiner Übungsreihe als Vertiefungsmittel*

*angewendet **(nicht notwendig!)**. Als weitere Konzentrationshilfe hat sich für mich als wertvoll herausgestellt, nicht nur ruhig – gelassen und unverwandt auf die Konzentrationsfläche zu starren, sondern auch vor mich – in Gedanken – hinzuzählen. Je 100 markierte ich in Gedanken mit den Fingern. Hatte ich 1000 erreicht, begann ich von neuem, wusste aber genau am Schluss, ob ich bis 2000 oder 3000 gezählt hatte. Ich sparte mir dadurch auch den ablenkenden Blick auf die Uhr. Da ich stets so langsam zählte, dass ich nicht schneller als der Sekundenzeiger war (etwa mein Herzschlag) – also in einer Minute nicht viel mehr als 60 zählte –, hatte ich bei einer halben Stunde Übungszeit gewöhnlich rund bis 2000 gezählt. Die Vertiefung mit Hilfe der Zahlenmonotonie war jedenfalls, besonders zur Überwindung der Anfangsschwierigkeiten beträchtlich und ich bin von diesem System erst dann abgewichen, als ich es durch ein wirkungsvolleres ersetzte, durch die Atmungsforcierung **(welche sehr gefährlich ist, wie wir aus dem „Adepten" wissen!)**. Wie ich schon sagte, war der 2. Mai bereits mein 26. Übungstag, und ich hatte bisher vollauf zu tun gehabt, mich an die Übungsbedingungen so zu gewöhnen, dass sie wirklich zur Gewohnheit wurden."*

Erste Anzeichen

„Heute, zum ersten Male, habe ich die ersten Anzeichen wahrgenommen, dass um uns eine geheimnisvolle, rätselhafte, völlig unerforschte Welt existiert, in die einzudringen nur möglich ist, wenn man ihre Gesetze kennt und sie beachtet. Ganz deutlich haben meine leiblichen Augen im Spiegel einige hin- und herhuschende Schemen, gleich farblosen, züngelnden Flammen, gesehen, die – da ich sie mehrmals feststellte – ganz gewiss keine Einbildung sind. Ich hatte sofort das untrügliche Gefühl, die erste Manifestation einer anderen Welt erlebt zu haben, und das in dem Augenblick, da ich merkte, dass meine Augen so ruhig und starr waren, dass ich hätte stundenlang so

starren mögen, ohne irgendeine Anstrengung oder Beschwerde. Die ersten Schatten, die über den Spiegel huschten, versetzten mich leider in den Rausch des Entdeckers: Mein Herz begann unruhig zu schlagen und mit der Konzentration ist es für heute vorbei. Die grauweißen Gestalten verschwinden, geheimnisvoll, wie sie gekommen."

2. Versuch

*„Gestern hatte ich ohne Ergebnis fast 40 Minuten geübt, und mich schmerzten ein wenig die Augen, als ich heute mit den Konzentrations- und Fixikationsübungen einsetzte. Nach kurzer Zeit aber befand ich mich in guter Verfassung, war innerlich völlig ruhig. Der heutige Tag ist sonst nicht bemerkenswert, denn auch heute blieben irgendwelche Erscheinungen aus. Es trat jedoch ein sonderbares Faktum auf, das mich erst ein wenig erschreckte, bis ich mich zur Ruhe und Wiederholung zwang. Wenn die Augen einen ganz bestimmten Grad von Konzentration und den richtigen Blickwinkel auf einen Punkt vor dem Kristall, den ich heute benutzte, haben, und wenn es gelingt, gelassen starr diesen Punkt festzuhalten, ihn unter keinen Umständen aufzugeben und damit die Körperwelt auszuschalten, dann wird plötzlich ein Empfinden wach, als ob der ganze Raum verschwommen wäre, als ob man mit dem Punkt im All allein sei. Durch Rückfrage erfuhr ich, dass es sich hierbei um die ersten Anfänge autohypnotischen Trancezustandes gehandelt hat **(kann das wirklich ein wahrer „Trancezustand" sein?)**, der hellseherische Phänomene ganz wesentlich fördert bzw. überhaupt erst ermöglicht. Der Schreck über dieses so völlige Losgelöstsein vom Körperlichen ist zunächst so wirkungsvoll, dass man mit einem Schlage sich wieder seiner Umwelt bewusst wird. Zwingt man sich zur Ruhe, kann man durch Gelassenheit und Konzentration bald diesen Zustand erneuern."*

3. Versuch

*„Für heute habe ich eine neue Versuchsanordnung getroffen, da die Ergebnisse der letzten Tage mich durchaus nicht befriedigten, weil sie keine Fortentwicklung, keine neuen Resultate brachten. Ich habe mich heute in den Sessel vor den Tisch gesetzt, die Kristallkugel vor mir (so auf die Öffnung einer Vase gelegt – nachdem diese mit dem schwarzen Tuch bedeckt war –, dass sie in Augenhöhe vor mir steht, in einer Entfernung von 25 bis 30cm). Die Räucherapparatur habe ich in Bewegung gesetzt, und zwar sowohl den Verdampfer als auch das kleine Holzkohlenbecken. Über dem letzteren habe ich ein wenig Holundermark verräuchert, durch den Verdampfer die Atemluft ein wenig angefüllt mit dem Dunst des Schierlings (**giftige Droge!**). Ob die veränderten Umstände Schuld trugen, oder die Räucherungen, oder die Schwüle der Luft, kann ich nicht sagen: Der Erfolg war jedenfalls heute schlechter denn je zuvor und selbst die Konzentration wurde gestört, ja, sogar die Augen waren unruhig. Ich will vorstehende Versuchsanordnung einmal einige Tage durchführen, um mich an sie zu gewöhnen. Jedenfalls habe ich jetzt die Fenster geöffnet und die Räucherdünste hinausgelassen."*

4. Versuch

„Trotz einer leichten Erkältung wollte und durfte ich mit den Übungen nicht aussetzen, um nicht alles zu gefährden, was ich an 41 harten Übungstagen erreicht hatte. Ich habe jedoch das Bett aufgesucht und betreibe von hier aus die Übung. Trotz der körperlichen Indisposition fühle ich, dass ich heute ein gutes Ergebnis erreichen werde. Die Zahlenmonotonie verhilft mir zu einer vorübergehenden Konzentration – trotz der vorher genommenen Medizin oder gerade deswegen? – und völlig unvermutet sehe ich im

Kristall, so deutlich sichtbar wie diese Blätter vor mir nur schärfer, leuchtender, mikroskopisch klein, aber scharf, einige bunte, fremdartige Gestalten, die blitzschnell über die Konzentrationsfläche huschen, wieder auftauchen, verwehen, sich in Schleiern auflösen. Diesmal bin ich ganz sicher, mich nicht getäuscht zu haben, und noch fester ist meine Überzeugung, dass solche Bilder die Sinnenwelt nicht bietet: Das waren astrale Wesen, die ich auf diese Weise zum ersten Male erblickte."

5. Versuch

*„Trotz des drohenden Gewitters bin ich gesammelt (**stört das einen Magier?**); da auch die Erkältung nachgelassen hat, hoffe ich auf gute Resultate, besonders da ich außerordentlich lange übte, und zwar zunächst eine Stunde vor dem Stehspiegel im Dunkeln sitzend, dann auf dem Ruhebett, den schwarzen Spiegel vor mir. Ich fürchte, das Gewitter war schuld – oder die geladene Atmosphäre, oder das Unterlassen der Zahlenmonotonie – dass ich heute zu keinem Resultat kam (**für einen wahren Magier irrelevant!**). Vielleicht aber hatte ich auch des Guten zu viel getan und zu lange geübt."*

6. Versuch

*„Bis gestern habe ich trotz Zuhilfenahme von Räucherungen und erhöhten Übungszeiten keine besonderen Erfolge gehabt. Vielleicht ist es gesetzmäßig, dass auf Erfolge immer wieder Rückschläge eintreten (**bei Ausgeglichenheit nicht**), dass sich bei Beharrlichkeit trotzdem aber langsam die Erfolge immer höher gruppieren. Heute habe ich mich erst 40 Minuten auf den magischen Spiegel konzentriert, und dann die gleiche Zeit auf den Kristall. Bemerken*

*muss ich nachträglich, dass ich beide in Abständen von etwa 10 Tagen jeweils neu magnetisiere und mit Suggestionen anfülle. In meiner Verzweiflung – als nichts anderes half – wendete ich heute zum ersten Male forcierte Atmung an, d. h. ich hielt den Atem, so lange ich konnte, zurück, pumpte ihn zwischendurch einige Male auf und ab, hielt ihn dann wieder an (**sehr gefährlich – habe ich selbst erprobt!**). Da endlich gelang mir wieder einmal die Umschaltung – ich versank ins Nichts, ohne aber die Konzentrationsfläche – ich beobachtete den Kristall – aus den Augen zu lassen. Mit aller Kraft hielt ich diesen Zustand aufrecht, und wenn er mir wieder zu entgleiten drohte, setzte ich wieder mit der besonderen Atmung ein, wobei ich die Erfahrung machte, dass man das Atmen auch vergessen kann – wovor man sich offenbar zu hüten hat. Ich hielt diesen Zustand der Abgezogenheit einige Minuten an und hatte dann die Genugtuung, zu erreichen, dass sich endlich wieder einmal im Kristall Bilder zeigten: Sie waren scharf und leuchtend, wieder mikroskopisch klein, aber sie schienen sich nicht zu bewegen, und als ich schärfer hinsah, lösten sie sich auf. Mir scheint, ich bin hier meiner Einbildungskraft aufgesessen.*"

7. Versuch

*„Seit einigen Tagen arbeite ich im Dunkeln und mit Räucherungen von Mandragora-Tinktur (alkoholischer Auszug der – **giftigen** – Alraunwurzel). Ob nun diese neuen Vorkehrungen wirksam sind, oder allgemein die Übungsdauer sich bemerkbar macht, möge offen bleiben, aber es sind jedenfalls in den letzten Tagen ständig neue Phänomene wahrnehmbar geworden. Heute, bei Vollmond, hatte ich einen ganz besonders günstigen Tag. Mal sah ich glühende Kugeln oder leuchtende Wolken auf der Konzentrationsfläche, ein andermal Nebelschleier und Fetzen und leuchtende Farben, die sich zu unklaren Figuren gruppierten. Am Anfang der Konzentration begann*

ich, mich durch Zahlen-Monotonie in den Umschaltungs-Zustand zu versetzen; inzwischen machen sich die Wirkungen des Räuchermittels bemerkbar und vertiefen die Abgezogenheit vom Irdischen **(Bewusstseinsverschiebung?)**. Nun werden die Gestalten klarer, und dann ist es mir sogar – einem Einfall folgend – gelungen, mich blitzartig an einen Ort zu versetzen, den ich persönlich kenne: den Raum eines vertrauten Menschen. Mir fiel auf, dass der eine der beiden Sessel an einer anderen Stelle stand als sonst, nämlich vor dem Fenster, statt vor dem Tisch in der Ecke (späteres unauffälliges Befragen ergab die Richtigkeit der Beobachtung: Der Sessel war vorübergehend an eine andere Stelle gesetzt worden). Ich beginne zu begreifen, dass Ort und Zeit keine Hindernisse mehr sind für den seiner Bande ledigen Geist, und dass ich durch ausdauernde Übung die Fähigkeit erlangt habe, zu sehen, was ich zu sehen wünsche, zu erfahren, was ich begehre. Es gilt, in weiteren Übungen diese Fähigkeit zu festigen und weitere Versuche anzustellen."

8. Versuch

„Trotz aller Rückschläge der letzten Zeit habe ich doch ein gewisses Stadium halten können: Ich kann zum Beispiel jederzeit, auch ohne Atemtraining und ohne Zahlen-Monotonie, in jenen Trancezustand kommen, der für die Bildung der Hellseh-Erscheinungen so entscheidend ist **(wie oben bereits angedeutet – handelt es sich eher um eine Bewusstseinsverschiebung!)**. Die Technik selbst – Augen, Konzentration, Gelassenheit, Räucherungen usw. – ist zum selbstverständlichen Besitz geworden. Trotzdem ist es ärgerlich, dass der Mensch immer wieder seinen Leidenschaften unterliegt oder emotionellen Wallungen, die ihn zurückwerfen. Ich fürchte, mein Weg ist noch lang, ehe ich von mir sagen kann, Herr über meine Empfindungen, mein Denken und Fühlen und damit über die astralen Kräfte zu sein. Obwohl mir inzwischen die Mandragora-Tinktur *ausgegangen ist – gestern habe ich die letzten 30 Tropfen ver-räuchert, ohne gute Ergebnisse zu erzielen –, kam ich heute sofort in jenen merkwürdigen Zustand der Abgezogenheit und Konzentration, der mir stets mit Sicherheit Ergebnisse oder gar weitere Entwicklung ankündigt. Seit mehr als 14 Tagen versuche ich unablässig, Antwort auf eine Frage zu erhalten und benutze diese Frage selbst als Konzentrationshilfe, das heißt, dass die Monotonie ihrer ständigen Wiederholung hilft, mich in einen vertieften Trancezustand zu bringen. Trotzdem ist mir bisher nicht gelungen, auf diese für mich so wichtige Frage eine Antwort zu erhalten. Plötzlich nun, heute, steht diese Antwort vor mir, und zwar unerwartet nicht in einer lebendigen Szene, die ich zu sehen hoffte, sondern in einem Symbol, das trotzdem klar ausdrückte, was ich zu wissen wünschte. "*

9. Versuch

„Es ist mir einige Male geschehen, dass ich – zum Beispiel über einem Buche grübelnd und vor mich hinstarrend – plötzlich lichte (helle) Bilder vor mir sah, die mir zeigten, womit ich mich beschäftigte, oder was ich unbewusst zu sehen wünschte, oder die mir Antwort gaben auf offene oder versteckte Fragen. Es geht mir eine Ahnung auf, als hätte ein heimlicher Unterricht eingesetzt, der sich mit fortschreitender Übung und Konzentration auf diese Dinge ständig verstärkt. Die Tag für Tag durchgeführten Hellseh-Übungen bringen nun fast jedes gewünschte Resultat, wenn die Ergebnisse auch immer wieder schwanken und der Gemütslage unterworfen sind **(Was ist mit dem magischen Gleichgewicht!)** *oder kosmischen Einflüssen und Beeinträchtigungen astraler Art, die ich neuerdings durch Weihrauch – Räucherungen, vor Beginn der Übung, vertreibe* **(geht das?).** *Den heutigen Tag habe ich besonders festgehalten, weil ich glaube, heute zum ersten Male eine Kraft materialisiert gesehen zu haben, die sich in mir schon einige Male bemerkbar machte.*

Unter sonderbaren inneren Schauern sah ich bei der üblichen Abgezogenheit im Spiegel sonderbare, kleine Wesen hin und herhuschen, die mir irgendetwas Unverständliches zuzurufen schienen. Ich hoffte, klarere Bilder zu erhalten und verräucherte vierzig Tropfen Myrrhen-Tinktur (in der Drogerie erhältlich). Als ich wieder den Spiegel in den Händen hielt, verdunkelte sich die Fläche plötzlich – ich übte noch bei violettem Licht – und ein fast spürbares Gebilde kristallisierte sich aus dem Nebel, der den Spiegel umwallte. Ich sah, erkannte und wusste. Nun ist der Weg gefunden. Er soll unverdrossen weitergegangen werden bis zum Ziel. "

Die einzig richtige magische Vision, die ich in der okkulten Literatur gefunden habe, ist nur noch ganz schwach in meinem Gedächtnis vorhanden. Mathers, der Meister des „Golden Dawn" stand mit einem Freund an den englischen Klippen. Dieser wollte ein einziges Mal eine wahre Vision haben. Mathers tippte ihn mit dem Finger eine ihm fremdartige Flüssigkeit auf die Stirn und augenblicklich verwandelte sich die ganze Szenerie. Anstatt das Meer zu sehen, sah er astrale Gebilde von wunderbarer Schönheit, die man gar nicht richtig beschreiben kann. So oder so ähnlich machte es mein Freund Anion, als er Rolf in seine Vorinkarnation blicken ließ. Er sah sich selbst in der Dresdner Oper in den goldenen 20ern!

Ich habe im vorhergehenden Kapitel die oben genannten Visionen keineswegs erwähnt, damit man sie mit Hilfe der Drogen nachahmen soll, sondern lediglich um zu zeigen, dass man wundervolle Geschichten mit dem Hellsehen einfacher, sicherer und vor allem gesünder erleben kann, wenn man einen systematischen Weg der Entwicklung beschreitet. Die bekannten Nebenwirkungen oder unangenehmen halluzinatorischen Erscheinungen fallen ebenfalls weg. Die aufgebrachte Mühe, die Arbeit und der Schweiß wird sich allemal lohnen. Dafür stehe ich mit meinem Wort! Die okkulte Literatur bietet leider keine wahre magische Schau an und die

Beispiele sollen auch nur anregend auf die wahre systematische Entwicklung im „Adepten" wirken!

Intuition ist eng verwandt mit Hellsehen. Beide Fähigkeiten treten je nach dem Grad der Ausgeglichenheit auf bzw. nach dem Grad der Vergöttlichung, welche mit dem Ausgleich Schritt für Schritt geht. Ist die Brille schmutzig, so sehe ich die Welt verzerrt. Das reinigen der Brillen kann man mit der Seelenschulung aus dem „Adepten" vergleichen. Die Intuition ist unerlässlich fürs Hellsehen, weil man das gesehene auch richtig deuten muss. Ohne die nötige Intuition geht das nicht. Aus diesem Grund müssen wir uns immer wieder „reinigen"! Und je mehr wir voran schreiten, desto mehr werden wir wie Akasha, unsere Gottheit, die das vollkommene Wissen besitzt.

Im Gegensatz zu den vorherigen Visionen muss man beim wahren Hellsehen weder etwas einnehmen, noch warten bis eine Vision dem Praktikanten zugespielt wird. Es ist somit eine passive, mediale Angelegenheit, die der „geistigen Welt obliegt", ob sie gelingt oder nicht! Bei der aktiven Art der Schau kann man selbst bestimmen, was man sehen will und das sieht man augenblicklich! Das echte Hellsehen wird zur geistigen Schau, zum kosmischen Bewusstsein, womit eine ungeheure Bereicherung des Lebens eintritt! Man tritt in das Allbewusstsein ein, man ist ein Teil des Alles in Allem!

Wie man die Fähigkeit des Hellsehens erlangen kann, steht ausführlich im „Weg zum wahren Adepten". Obwohl andere wie Moecke, Lomer und selbst Gregorius schreiben, dass das eine Begleiterscheinung am Weg ist, möchte ich nur noch hinzufügen, dass die seelische Entwicklung, der magische Ausgleich das entscheidende Element ist. Ohne Ausgleich ist man nämlich nicht in der Lage, nur die geringste Fähigkeit wie Hellsehen, Astralreisen usw. zu erlangen. Denn nur ein Siddha – Gottmensch – erlangt auch Siddhis – göttliche Fähigkeiten und das sind nun mal alle okkulten Kräfte!

In fast allen indischen Schriften, die über die Erweckung der Chakras sprechen, wird behauptet, dass durch die Belebung der einzelnen Elemente-Zentren die sogenannten Hellsinne geweckt werden. Das ist richtig und Bardon sagt darüber im „Adepten": *„Der Kenner anderer Einweihungssysteme wird eine gewisse Parallele mit meinem System finden, da ja alle Wege in der Wahrheit gleich sein müssen. Als Beispiel erwähne ich hier das indische, die Schlangenkraft betreffende Yoga System, das mit den von mir über die ägyptischen Mysterien angegebenen Systemen übereinstimmt. Beim Kundalini-Yoga wird der Schüler vom Guru dazu angehalten, über das Muladhara-Zentrum, das sich im Steißbein befindet, zu meditieren und da selbst Pranajama-Übungen zu machen."*

Doch es gibt in der ganzen orientalischen Literatur keinerlei Schriften, die den Weg dazu so systematisch aufzeigen, wie es Bardon in seinen Werken tat.

Übergehen möchte ich nun zu einer Schilderung des persönlichen Empfindens einiger Hellseher. Ich glaube mit Recht behaupten zu können, dass man so etwas in der okkulten Literatur sehr, sehr schwer findet:

Gelegentliche hellseherische Wahrnehmungen treten jedoch bisweilen bei magisch noch nicht so weit geschulten Menschen auf, selbst wenn sie niemals von der Möglichkeit gehört haben, eine derartige Fähigkeit zu entwickeln. In diesem Falle bedeuten solche spontanen Eindrücke, dass der Betreffende sich jener Stufe der Evolution nähert, auf der diese Kräfte anfangen werden, sich in natürlicher Weise zu zeigen und ihr Auftreten sollte ihm als ein Antrieb für seine Übungen dienen, den hohen Standard moralischer Reinheit und mentalen Gleichgewichts aufrecht zu erhalten, ohne welchen das Hellsehen ein Fluch und nicht ein Segen für seinen Besitzer wird.

Einige Menschen beginnen sozusagen ganz plötzlich irgendeine auffallende Vision zu sehen und sehr oft geschieht es in solchem Fall, dass der Betreffende mit der Zeit zu glauben beginnt, da diese Erfahrung sich nicht wiederholt, dass er bei dieser Gelegenheit das Opfer einer Halluzination gewesen sein muss. Andere fangen damit an, von Zeit zu Zeit die glänzenden Farben und Schwingungen der menschlichen Aura wahrzunehmen, andere sehen und hören mit zunehmender Häufigkeit Dinge, für die ihre Umgebung blind und taub ist; wieder andere sehen Gesichter, Landschaften oder farbige Wolken im Dunkeln vor ihren Augen schweben. Andere beginnen im Traum Visionen zu haben, was auch ein Hinweis dafür ist, dass sich diese Fähigkeit langsam entwickelt.

Bei der Erforschung der Aura werden sie am Anfang sehen, dass alle gleich aufgebaut sind. Sehen sie mehrmals und immer genauer hin, erkennen sie feine Unterschiede, die es ausmachen, die ihre unterschiedlichen charakteristischen Merkmale haben. Oder wenn man die astrale Welt betrachtet, dann sehen manche sie zuerst aus der Vogelperspektive, man sieht Städte, Menschen, Häuser wie aus einem Heißluftballon. Und dann kommt man erst runter. Das hat den Vorteil, dass man zuerst eine Übersicht wie eine Landkarte hat. Dann kann man ins Detail gehen. Zwillingsseelen ergänzen sich in ihrer Schau. Der eine sieht es detaillierter, der andere sieht es überblickender! Aber beide sehen dasselbe! Es werden auch komplett neue Farben wahrgenommen, die man erst richtig einordnen muss. Sie sind den uns bekannten in keiner Weise ähnlich und die man deshalb mit unserer mangelhaften Sprache und weil „uns" dafür „die Begriffe fehlen" nicht schildern kann, denn es gibt „da drüben" die wunderbarsten Farbenspiele. Vielfach sieht man eine Erscheinung von der Form und Größe und ebenso Farben schillernd wie eine Seifenblase, die sich zu einer immer größeren Kugel ausdehnt, bis dann plötzlich eine Gestalt, meistens aber nur ein Gesicht zum Vorschein kommt. Diese „Kugel" kommt wie aus dem Erdboden heraus und steigt in eine gewisse Höhe. Bei anderen Erscheinungen öffnet sich die Decke des Zimmers, die Wände weichen zurück. Der Hellseher beschaut das Phänomen im Zimmer und zugleich im unendlichen Raum. Zimmer, Phänomen und Weltall sind gleichsam in Eins verschmolzen; es existiert auch nichts anderes für das Bewusstsein und Empfinden des Sehers.

Im Gegensatz dazu ist das Sehen auf dem Mentalplan von den Eindrücken der Astralsphäre wiederum ganz verschieden, denn hierbei kann man nicht mehr von gewöhnlichen Sinnen wie Sehen und Hören sprechen, sondern hier hat man es mit einem Allgemeinsinn zu tun, da auf der Mentalebene Raum- und Zeitlosigkeit herrscht. Wenn irgendein Objekt in den Wahrnehmungsbereich des Magiers gelangt, wird er dieses sogleich vollkommen erkennen, da er das Subjekt bzw. Objekt sozusagen parallel sieht, hört und fühlt und durch diesen gleichzeitigen Vorgang alles von ihm weiß, was gewusst werden kann.

Oder wenn ein Mensch sich etwas sehr wünscht, dann bildet sich ein Bild des Gewünschten. Solche Formen führen zur Verwirrung, denn sie werden von ungeübten Sehern als real betrachtet, denn die vorgestellte Person oder das Ding tritt aus dem Mentalkörper aus und bildet eine Form frei schwebend im Raum.

Wer hell im Raum sieht, dem erscheinen die grobstofflichen Dinge transparent, nicht existent. Er sieht den feineren Stoff dahinter, das Wahre!

Der Ätherkörper des Menschen – die Matrizen – ist außerordentlich eng mit seinem Nervensystem verbunden, so dass jede Wirkung auf eines dieser Systeme sich sofort auch im anderen fühlbar macht. Nun hat man beobachtet, dass bei den gelegentlichen Erscheinungen des „ätherischen Hellsehens" bei den Wilden, die eng mit der Natur verbunden leben, ob aus Zentralafrika, aus Westeuropa oder Asien, die damit in Verbindung stehende „nervöse Störung" fast gänzlich im sympathischen Nervensystem auftritt und dass der betreffende Mensch diese Fähigkeit absolut nicht kontrollieren kann. Es ist tatsächlich ein sehr starker Eindruck, der eher dem ganzen Ätherkörper in unbestimmter Weise angehört, als eine genaue und bestimmte Sinneswahrnehmung, die sich durch ein besonderes Organ nach außen hin zeigt.

Betrachten wir zuerst das ätherische Hellsehen. Das besteht einfach, wie bereits gesagt worden ist, in der Empfänglichkeit, auf eine weit größere Reihe physischer Schwingungen als gewöhnlich zu reagieren, aber deswegen bringt sein Besitz mancherlei in Sicht, wofür der größte Teil der Menschen noch blind ist. Wir wollen einmal sehen, wie der Anblick der bekannten, belebten oder unbelebten Gegenstände sich verändert, und dann, zu welchen gänzlich neuen Faktoren er uns führt.

Das Aussehen der lebenden Wesen hat sich für den Menschen, der seine Sehkraft soweit entwickelt hat, bedeutend gewandelt. Die Körper der Menschen und Tiere sind für ihn größtenteils transparent, so dass er die Tätigkeit der verschiedenen inneren Organe beobachten und in gewissem Maße auch einige ihrer Krankheiten erkennen kann.

Seine erweiterte Sehkraft befähigt ihn auch, mehr oder weniger klar verschiedene Klassen von elementaren und anderen Geschöpfen wahrzunehmen, da diese im sogenannten „Zwischenreich" leben. Unter den so geschauten Wesenheiten werden einige der niederen Arten der Naturgeister angehören, nämlich diejenigen, deren Körper aus dem dichteren elektro-magnetischen Ätherstoff bestehen. Zu dieser Klasse gehören Elfen, Nixen, Gnome und Kobolde, über die man im schottischen und irischen Hochland und in entlegenen Orten auf der ganzen Welt noch heutzutage so viel zu erzählen weiß.

In der Zeitschrift „The Vahan" steht zur Erklärung des Unterschiedes zwischen dem astralen und ätherischem Hellsehen folgendes: „*Um den Unterschied zu begreifen, wird es am besten sein, ein Beispiel zu nehmen. Wenn jemand einen Mann mit beiden Sehkräften nacheinander betrachtet, dann sieht er in beiden Fällen die Knöpfe auf der Rückseite seines Rockes, nur würde er sie beim ätherischen Sehen durch ihn hindurchsehen und würde die Innenseite als am nächsten liegend betrachten können; beim astralen Schauen dagegen würde er dies nicht nur so beobachten können, sondern in der Weise, als ob er direkt hinter dem Manne stünde.*

Oder wenn man einen hölzernen Würfel, der auf allen Seiten beschrieben ist, mit dem ätherischen Auge betrachtet, so würde der Würfel wie aus Glas, also ganz und gar durchsichtig erscheinen: Die Schrift auf der gegen-überliegenden Seite würde er verkehrt sehen, während die auf der rechten und linken Seite stehende Schrift nur dann deutlich sichtbar würde, wenn man sich weiterbewegt, da man sie sonst von der Seite aus betrachten müsste. Mit der astralen Schau jedoch würde man alle Seiten mit einem Male beobachten können und alle in der rechten Stellung, so als ob die Seiten des Würfels auf einer Ebene ausgebreitet würden, und man könnte auch jeden Teil im Inneren ebenso gut sehen, zwar nicht durch die andern hindurch, sondern ganz vor einem aufgerollt. Man würde ihn von einer andern Richtung betrachten, im rechten Winkel zu allen uns bekannten Richtungen“.

Beim Wahrsagen durch Tarot beispielsweise gibt Mathers häufig den Rat, die Hellsichtigkeit einzusetzen, um die Bedeutung einer bestimmten Karte besser zu „erspüren“. Hier muss hinzugefügt werden, dass man mit dem inneren Auge sieht, dem Auge des **Lichtkörpers**, was eine Andeutung auf das Stauen in den Augen mit Licht ist! Auch Eliphias Levi schreibt in seinem Buch „Dogma und Ritual“ zwar etwas unklar, dass die Hellseher Lichtstauungen in den Augen vornehmen.

48

Der oben erwähnte Frater D.D.C.F. (Mathers) schrieb über die Schwierigkeiten der Hellsichtigkeit, denn jedes Blatt hat zwei Seiten: *„Wir gehen durch unser Leben und durch die Akasha-Hüllen, die uns umgeben, dabei beeinflussen wir andere und werden von anderen beeinflusst. Wenn wir also die Augen und Sinne des Körpers vor der materiellen Welt verschließen, nehmen wir zunächst in der inneren Schau die Essenz unseres eigenen Wesens und angrenzender wahr. Die Wahrnehmung unserer eigenen Umwelt ist für Anfänger unter Hellsehern eine Quelle des Irrtums. Er selbst glaubt, woanders hingegangen zu sein und etwas anderes gesehen zu haben, doch befindet er sich nur unter den wirren Bildern seiner eigenen Aura.“*

Weiter schreibt er: *„Ein alter Name für Hellsichtigkeit in allen Manuskripten war „Hellsicht in der geistigen Schau“. Ein (wahrer) Hellsichtiger zu werden, hieß mehr als nur das zweite Gesicht zu besitzen. Es bedeutete vielmehr, jemand zu sein, der schaut, wonach er sucht, und nicht bloß ein passiver Empfänger von Visionen ist, die sich seiner Kontrolle und Steuerung entziehen. Wenn man sich im gewöhnlichen Leben im Reiche von Malkuth (Erde) befindet, so gibt es beim Sehen wenig Verwirrung. Verlässt man aber absichtlich die tote Ebene des Materialismus und steigt den Pfad Tau zu Jesod auf, entsteht eine Verwirrung der Lichter. Man kommt in den Bereich der sich kreuzenden, reflektierten und farbigen Strahlen von Qesheth, dem farbigen Regenbogen, der sich über die Erde spannt. Hier brauchen wir dann Anweisungen und Anleitung, um Verwirrung und Fehler zu vermeiden. Dennoch muss dieses Stadium durchschritten werden, um höher zukommen. Jenseits von Jesod betrittst du den Pfad Samekh, den engen und geraden Pfad, der zu den wahrhaft spirituellen Wahrnehmungsbereichen führt. Das erreicht man durch den Vorgang, der als das Aufsteigen in den Ebenen bezeichnet wird.“*

Wie aus dem obigen Text ersichtlich wird, gibt es leider auch einige negative Punkte, was die Fähigkeit zum Hellsehen betrifft. Der erste besteht in der Angst vor der Hellsicht, der zweite in ihrer

49

unangemessenen Überschätzung. Beide Ansichten entstehen aus einem Missverständnis ihres wirklichen Wesens. Manche Leute glauben, die Hellsicht würde durch Vermittlung der Mächte des Bösen erlangt, oder man würde durch ihre Ausübung unter deren Einfluss geraten. Auf der anderen Seite stellen sie sich vor, die Fähigkeit der Hellsicht würde ihnen einen kurzen und einfachen Weg zu den gewünschten Informationen und Anleitungen ebnen, die sie sich wünschen, ja, dass diese nach Belieben zu haben seien. Das sahen wir ja bei den Schülern von Meister Arion in Prag. Bardon musste ihnen die Fähigkeit wieder wegnehmen. Würde nicht auch eine solche Kraft die Neugier befriedigen, die einen Fallstrick der Anfänger darstellt? Der gründlich trainierte Hellseher braucht nichts zu befürchten. Der Ungeübte oder derjenige mit angeborener Begabung ist es, der gefährdet ist. Allein die Charaktereigenschaft der Selbstbeherrschung verleiht ihm die benötigte Macht darüber.

„Wer sich auf der anderen Seite das Leben erleichtern und Wissen erlangen will, auf das er kein Anrecht hat, dem sei versichert, dass er diese Fähigkeit nur „im Schweiße seines Angesichts" erwerben und sicher ausüben kann. Wer nur seine Neugier befriedigen will, wird entweder durch enttäuschende Ergebnisse beschämt oder durch Entdeckungen erschüttert, die er lieber nie gemacht hätte. Geübte, bescheidene und ehrfürchtige Hellsicht ist eine große Gabe, die uns neue Welten und tiefere Wahrheiten erschließt und uns aus uns selbst in das Ein- und Ausströmen aus dem Herzen Gottes erhebt" wird im Golden Dawn gelehrt!

Je nach Ebene wird mit dem entsprechenden Auge geschaut. Anion sagte mir, dass man durch zu häufiges Hellsehen, durch zu häufiges Stauen des Lichts in den Augen Schäden davon tragen kann. „Vorsicht ist die Mutter in der Porzellankiste" sagt ein Sprichwort. Aber es gibt ja die Methode des Akashamittelpunktversetzens, worüber man auch Hellsehen kann. Selbst im Golden Dawn wurde diese Methode gelehrt. Sie wird im Kapitel über „Der Ring und die

Scheibe in der Arbeit des Dreifußes" symbolisch erklärt. Doch selbst das Hellsehen muss beherrscht werden, sonst wird es so ausgenutzt, wie bei den Schülerinnen von Bardon in Prag. Selbst Anion durfte die Fähigkeit bei der Suche meines Buches von A. Avalon „Die Girlande der Buchstaben" nicht in Anspruch nehmen, das er nicht mehr fand, denn man hat schließlich auch grobstoffliche Augen. Noch eine große Gefahr verbirgt sich im Hellsehen. Man könnte sich im Dunkel der unendlichen Zeiten verlieren, indem man nur noch hell sieht, sich alles anschaut und sein Leben dadurch vergisst! Denn das Gesehene ist so etwas von berauschend – man erlebt ja alles sofort mit und ist mitten drin! Dies wäre ein grober, nicht wieder gut zu machender Fehler!

Der Unterschied zwischen einer richtigen Vision und einer irrigen Halluzination ist der, dass ersteres tiefgreifende Ereignisse beschreibt, die man nicht so schnell vergisst. Sie haben auch meistens einen prophetischen, symbolischen Charakter. Die Symbolik ist ähnlich der Traumsymbolik. Halluzinationen an sich sind lebhafte Manifestationen eines intensiven Gedankens, eines Wunsches, den man jahrelang genährt hat. Sie sind meist verknüpft mit Sinnestäuschung, Wahnvorstellung und Irrsinn.

Die Resultate verschiedener Hellseher sind oft unterschiedlich. Da die Hellseher nicht alle gleich weit entwickelt sind, nicht alle den richtigen Ausgleich haben, gibt es verschiedene Deutungen des gesehenen Gebietes. Die Untersucher stehen auf verschiedenen Standpunkten, sie betrachten den Gegenstand von anderen Seiten oder ihre Betrachtungen werden mit verschiedenen Ausdrücken niedergelegt. Das Untersuchte wird von der Mentalität, dem Temperament und Persönlichkeit des Untersuchers verfärbt. Man muss eine Sache von allen 4 Standpunkten, von allen 4 Elementen aus betrachten, damit man alles richtig erkennt. Erst dann ist man objektiv!

Als Abschluss möchte ich noch eine Begebenheit berichten, welche ich nicht in meinem Roman „Auf der Suche nach Meister Arion" aufgenommen habe, weil sie sonst den Rahmen des Buches gesprengt hätte. Wir waren alle in Rolfs Wohnung versammelt, Daniel, Peter, Anion, Rolf und ich. Wir saßen um seinen runden Tisch im Wohnzimmer und unterhielten uns als Anion plötzlich sagte: „Ich hätte Lust, Eure Zukunft im Kaffeesatz zu lesen."

„Oh, das ist ja irre. Ja, mach mal" kam unser Kommentar.

Da Anions Lieblingsgetränk der Kaffee war und er gerade eine Tasse vor sich stehen hatte, trank er sie bis auf einen kleinen Schluck aus, so dass am Tassenboden ein schwarzer „Flaum" blieb.

„Ihr wisst ja, dass nicht der Kaffeesatz das Hellsehen hervorruft, sondern meine magische Schulung. Aber genug davon. Habt ihr irgendwelche Fragen die Zukunft betreffend?"

Ein „Ja" schoss aus meinem Munde. „Ich hätte gern gewusst, wie mein Urlaub nächsten Monat in Innsbruck sein wird?"

Er starrt einige Sekunden rein und begann zu erzählen.

„Nicht gut, er wird für dich sehr langweilig. Erst gegen Ende kommt ein wenig Spannung rein. Sage deiner Frau, sie sollte nicht auf einen Berg gehen. Das wird schlimme Folgen für sie haben!"

Ich war begreiflicherweise geschockt. Daniel schwieg, er hatte plötzlich keine Lust mehr auf Fragen. Rolf´s Frage wurde auch nicht gerade positiv beantwortet, genauso wie bei Peter. Aber ich musste nachhaken.

„Wieso? Was wird den passieren? Dann fahre ich besser nicht nach Innsbruck!"

„Doch, das mach mal. Es ist besser so!"

Als meine Frau und ich dann in der Tiroler Hauptstadt waren, war es wirklich so, wie Anion es hellsichtig sah. Aber wir versuchten das Schicksal von meiner Frau zu umgehen und gingen nicht in die Berge. Aber dem Schicksal entkommt man nicht, denn sie lag drei Tage aus unerklärlichen Gründen krank im Bett . . .

Aber um dem Buch ein Happy End zu geben, ist das Schönste an der ganzen Hellsehsache, dass man Nacht für Nacht mit seinem hellsehenden Astral- bzw. Mentalkörper bei nötiger Reife austreten kann und eingeht in ein Land der Märchen, Drachen, Schlösser und Burgen. Dort wo die Legenden wahr werden, dort wo Ursachen geschaffen und Erfahrungen gesammelt werden, die man auf Erden nimmer findet. Dämonenkämpfe à la Siegfried werden dort ausgefochten. Im Land der 1000 und einem Wunder, wo sich alle Vorstellungen übertrumpfen und jene fantastische Welt ihnen jeden Wunsch erfüllt. Dann beginnen die Abenteuer und morgens geht man seinem gewöhnlichen, alltäglichen Leben nach, so, als wäre nichts passiert!

Vorwort:

„Homunkulus und anderes Geflatter".

Dieses Thema behandle ich wie immer aus der Sicht der Lehren von Franz Bardon. Es gibt darüber einige interessante Aspekte und Berichte, sodass ich mich dazu entschlossen habe, ein Buch bzw. eine kleine Schrift darüber herauszubringen. Dabei werden die verschiedenen Methoden der Schaffung solcher Wesen geschildert wie die Gefahren mit dem Umgang derselben. Es werden wie immer anschauliche Beispiele gebracht, welche die Lehren von Franz Bardon bestätigen.

Dem Leser wünsche ich wie immer vergnügliche Stunden . . .

1. Über den Golem

Beginnen möchte ich mit der ältesten Geschichte über ein wirklich existierendes Elementar, dem Golem, worüber Franz Bardon schon im „Adepten" schrieb. Aber leider nur einen Absatz. Mehr Platz hatte er nicht zur Verfügung! Die Sage verlief ungefähr so:

„Unter der Regierung Rudolph II. lebte unter den Prager Juden ein Mann namens Bezalel Löw, wegen seiner hohen Gestalt und großen Gelehrsamkeit der hohe Rabbi Löw genannte. Dieser Rabbi war in allen Künsten und Wissenschaften sehr bewandert, besonders in der Quabbalah. Mittels dieser Kunst konnte er Figuren, von Ton geformt oder von Holz geschnitzt, beleben, dass sie wie wirkliche Menschen alles verrichteten, was ihnen aufgetragen ward. Solche Domestiken sind viel wert; sie essen nicht, sie trinken nicht und brauchen keinen Lohn; sie arbeiten unverdrossen, man kann sie schelten und sie geben keine Antwort. Rabbi Löw hatte sich solch einen Diener aus Lehm gebildet, ihm den Schem (quabbalistische Formel) in den Mund gelegt und ihn damit belebt. Dieser so gemachte Knecht verrichtete alle groben Geschäfte im Haus, die ganze Woche durch. Holz hacken, Wasser tragen, Gassen kehren, usw. Am Sabbat aber musste er ruhen, deshalb aber nahm ihm der Herr den Schem aus dem Mund und machte ihn tot, ehe der Ruhetag eingegangen war. Doch geschah es einmal, dass der Rabbi dies zu tun vergaß und das Unglück war fertig. Der Zauberknecht wurde wütend, riss die Häuser nieder, schleuderte Felsstücke umher, entwurzelte Bäume und wirtschaftete fürchterlich in den Gassen. Man eilte den Rabbi davon in Kenntnis zu setzen; aber die Verlegenheit war groß. Schon war Sabbat, jede Arbeit, sei sie fertigend oder zerstörend, streng untersagt. Wie also den Zauber lösen? Zum Glücke hatte man in der Altneusynagoge den Sabbat noch nicht eingeweiht und da diese die älteste Synagoge in Prag ist, so richtet sich alles nach ihr und noch

war's Zeit, dem tollen Burschen den Schem zu nehmen. Der Meister eilte, riss dem Golem die Zauberformel aus dem Munde und der Lehmklotz stürzte und zerfiel in Trümmer. Von diesem Auftritt geschreckt, wollte sich der Rabbi keinen so gefährlichen Knecht mehr machen. Noch heute sollen Stücke des Golems auf dem Boden der Altneusynagoge zu sehen sein."

Es gibt dann noch einige Gedichte, die aber alle die gleiche Geschichte erzählen. Eine andere Legende besagt, dass Rabbi Löw dem Kaiser Rudolph die israelitischen Patriarchen vom Tode auferweckte und an ihm vorüberziehen ließ, allerdings unter der Bedingung, dass er nicht lachen dürfte. Doch der Kaiser konnte sich nicht halten. Plötzlich machten die Gestalten in der „Vision" halt, schauten den Kaiser ärgerlich an und veranlassten, dass sich das Gewölbe des Hradschin absenkte. Es hätte den Kaiser unter sich begraben, wenn nicht der Rabbi mit Hilfe seiner quabbalistischen Fähigkeiten diesem Drama Einhalt geboten hätte. Ein Beweis, dass er ein Beherrscher der dritten Tarotkarte war!

Eine andere Geschichte besagt, dass der Oberrabbiner Natansohn, sich eines Tages entschlossen hatte, den Dachboden der Altneu-Synagoge zu besteigen, um den Golem-Leichnam zu besichtigen. Doch bevor er empor stieg, hörte er sich die Geschichte des Synagogendieners an, der ihm berichtete, dass er vor mehreren Jahren einen Oberrabbiner kennen gelernt hatte, der den Dachboden bestiegen hatte. Er fastete vorher mehrere Tage, nahm strenge Kasteiungen vor und ging mit Gebetsriemen und im Gebetsmantel die Treppe hoch. Seinen Jüngern trug er auf, während seiner Abwesenheit Psalme zu rezitieren und Gebete zu verrichten, damit er unversehrt wieder herunter komme. Als er wieder herab kam, sah man in seinen Augen eine furchtbare Angst. Er zitterte am ganzen Körper. Am folgenden Tag erneuerte er das Verbot, hoch zu steigen. Als Natansohn diese Geschichte hörte, trat er von seinem Vorhaben zurück.

Jakob Grimm erzählt eine interessante Geschichte zum Thema Golem in der „Zeitschrift für Einsiedler", welches die älteste deutsche Niederschrift darüber ist:

„Die polnischen Juden machen nach gewissen gesprochenen Gebeten und gehaltenen Festtagen die Gestalt eines Menschen aus Ton oder Leimen und wenn sie das wundertätige Schemhamphoras darüber sprechen, so muss er lebendig werden. Reden kann er zwar nicht, versteht aber ziemlich was man spricht und befiehlt. Sie heißen ihn Golem und brauchen ihn zu einem Aufwärter, allerlei Hausarbeit zu verrichten, allein er darf nimmer aus dem Hause gehen. An seiner Stirn steht geschrieben „aemaeth" (=Wahrheit/Gott). Er nimmt aber täglich zu und wird leicht größer und stärker denn alle Hausgenossen, so klein er anfangs gewesen ist. Daher sie aus Furcht vor ihm den ersten Buchstaben auslöschen, so dass nichts bleibt außer „maeth" (=er ist tot), worauf er zusammenfällt und wieder in Ton aufgelöst wird. Einem ist aber mal sein Golem so hoch geworden und hat ihn aus Sorglosigkeit immer wachsen lassen, dass er ihn nicht mehr an die Stirn hat reichen können. Da hat er aus großer Angst den Knecht geheißen, ihm die Stiefel auszuziehen, in der Meinung, dass er ihm beim Rücken an die Stirne reichen könne. Dies ist auch geschehen und der erste Buchstabe glücklich ausgetan worden, allein die ganze Leimlast fiel auf den Juden und erdrückte ihn!"

Diese Geschichte mit dem quabbalistischen Wort wird wunderbar im Film „Der Golem wie er in die Welt kam" dargestellt. Rabbi Löw, der ein Magier war, musste für seine quabbalistische Elementarschöpfung dem Dämon Astaroth das Schöpfungswort entreißen. Er setzte seine magische Mütze auf, nahm seinen Herrscherstab in die Hand und zeichnete in der Gottverbundenheit einen geladenen Kreis um sich und seinen Schüler. Als Beweis seiner Ladung glühte der besagte Kreis auf. Die Vorschriften für das Evozieren entnahmen sie alten Beschwörungsfolianten wie dem „Schlüssel Salamonis", bei dem sie die Wahrheit zwischen den Zeilen erkennen mussten. Dann erhob er seinen Zauberstab und rief das Wesen. Plötzlich erschienen kleine flammende Salamander, die den Genius ankündigten. Kaum waren die verschwunden, erschien schon die Fratze des Astaroth. Seine Augen glühten und aus seinem Mund kam Feuer und Rauch. Aber auch das Schöpferwort „aemaeth" musste der Magier ihm unter göttlichen Zwang entlocken. Als er froh war, es zu haben, brach sein Schüler ohnmächtig zusammen, weil er der negativen Ausstrahlung des Wesens nicht stand halten konnte! Die weitere Geschichte wurde ja schon oben beschrieben.

Rabbi Löw äußert sich selbst in seiner Handschrift über den Golem:

„1. Bei der Erschaffung des Golem drängten sich zwei Geister heran, dass er (Rabbi Löw) durch sie den Golem beleben sollte: Der Geist des Dämon „Josef" und der des Dämon „Jonatan". Es wurde der Geist des ersteren gewählt, weil dieser schon zur Zeit des Talmudweisen den Juden in bedrängten Tagen Hilfe erwiesen hatte. Auch war Jonatan ein Wesen, dass keine Geheimnisse wahren konnte.

2. Ebenso wie der Geist des Dämons „Josef" in den Golem wanderte und durch ihn den Tikun – die Wiederbelebung – gefunden hat, so werden alle Geister der im Buche „Sohar" erwähnten „Juden-Dämone" mehrmalige Wanderung durch- machen und zuletzt die Wiederbelebung erreichen, indem sie den Juden in der Verbannung in Zeiten der Bedrängnis mit Dämonen-Wundern Hilfe erweisen werden.

3. Rechtlich ist der Golem frei von der Erfüllung der Gebote und Verbote, sogar von jenen, zu deren Beachtung die Frau und der Knecht verpflichtet sind.

4. Es findet sich im Golem keine Spur von gutem oder bösen Trieb und alle seine Handlungen sind nur wie die einer automatischen Maschine, die den Willen ihres Erzeugers erfüllt.

5. Der Golem muss stumm bleiben, weil er als Unvollkommener unwürdig war, dass die Neschamah – das Licht Gottes (Akasha?) – ihm innewohne. Er war nur von Nefesch und Ruach belebt.

6. Es konnte dem Golem kaum ein kleines Maß von Intelligenz, Daat (Erkenntnis) verliehen werden. Mit den beiden anderen Intelligenzen, Chochmah (Weisheit) und Bina (Einsicht), konnte er nicht ausgestattet werden, weil, wie gesagt, in seinem Wesen kein „Licht Gottes" wohnte.

7. Wenn auch der Golem die Stufe Neschamah nicht erreichte, merkte man doch am Sabbat eine Veränderung und eine Erleuchtung auf seinem Antlitz. Heißt es doch im Sohar, dass am Sabbat die „Spannungen" der Wochentage aufhören, denn der Sabbat ist das Symbol des Weltlichtes, dessen Strahlen in alle Welten mit Wucht sich ergießen und alle Wesen berühren.

8. Der Golem musste ohne Geschlechtstrieb erschaffen werden; hätte er den Trieb gehabt, wäre keine Frau vor ihm sicher gewesen.

9. Der Golem war nie krank, weil er von jedem Trieb zum Bösen unberührt war.

10. Der Mensch unterliegt der Wahl seines eigenen Triebes, des Guten und des Bösen und vermag daher jene geheimen Dinge, die außerhalb der offenbaren Wirklichkeit liegen, nicht zu schauen. Der Golem aber, der, wie vorerwähnt, keinen Trieb hatte, konnte gleich den Tieren und Vögeln, Dämonen und Geistern, alle geheimen Dinge sehen.

11. Man weiß, dass im Garten Eden 24 Gattungen von Wohlgerüchen vorhanden sind, welche alle Arten von Heilmitteln enthalten. Und diese Düfte sind die Treibkräfte der verschiedenen heilbringenden Kräuter und Mineralien. Jede Stunde entströmt ein anderer guter Duft, der die Weltatmosphäre säubert und die Menschen vor dem einatmen schädlicher, wurmiger Luft bewahrt. Den Augenblick des „Duftausströmens" könnte der Mensch nur nach völliger Entwerdung und Abtun alles Körperlichen erfassen. Würden die Menschen es verstehen, diesen Augenblick zu erfassen, so wäre keine Krankheit in der Welt. Der Golem, der durch den Geist geschaffen war und bei dem das Körperliche ja nur eine äußere Hülle war, empfand diesen Augenblick, er fing die Düfte auf und konnte von keiner Krankheit überwältigt werden.

12. Der Golem hat einen Anteil an dem ewigen Leben und wird auch am Ende aller Geschlechter auferstehen, aber in einer ganz anderen Gestalt.

13. Das Verbot, den Boden der Altneusynagoge zu besteigen, gilt nicht für den Nachfolger und Nachfolger-Nachfolger des Rabbi Löw auf dem Prager Rabbinerstuhl. Dieser darf das zerstörte Werk, die Golemgestalt, nur anschauen, nicht aber irgendwelche Handlungen als Belebungsversuch unter- nehmen.

14. Der Golem durfte nicht zur Minjan gezählt werden.

15. Das Buch Jezirah selbst tut der Erschaffung eines Golem oder eines sonstigen lebendigen Wesen mit keinem Worte Erwähnung. Man muss erst aus den Buchstaben heraus die verborgenen Strahlen auffangen können, durch welche man einem leblosen Körper Leben zu geben vermag. Dazu muss man aber nicht nur ein Gelehrter, sondern auch ein Gerechter, ein Zadik, sein. Der große Meister im Buche Jezirah war Bezalej, von dem es heißt: Und Gott erfüllte ihn mit Weisheit, Verstand, Erkenntnis und aller Kunstfertigkeit. Mit Hilfe des Buches Jezirah hatte er alle Arbeiten am Heiligtum

ausführen können. "

Eine andere jüdische Legende berichtet von einer Tötung zwecks des Experimentes der Wiederbelebung. Sie nimmt Bezug auf die Schöpfung des Golem. Es traf den Schüler Menasse, der in kleine Teile zerstückelt wurde. Er kam unter einen luftleeren Rezipenten. Auf ihn wurde die Essenz der Lebenspflanze und des Balsams der Unsterblichkeit getröpfelt und nach neun Monaten soll der Körper neu und wiederbelebt, ja sogar unsterblich sein. Maimonides, sein Meister, tat wie vorgeschrieben und nach vier Monaten sah er mit Entsetzen, das die kleinen Teile sich zu einem Körper zusammen-schlossen. Jedes weitere Monat war ein Fortschritt zu sehen. Im siebten Monat nahm er Bewegung wahr, welche ihm Angst und Bange machte. Er sah, dass das „Schöpfungsbuch" doch recht behielt. Als im achten Monat die Gestalt ihn freundlich anlächelte, befragte er den großen Rat – Sanhedrin – und nach vielem disputieren und debattieren entschlossen sie sich, um größeres Unheil für die Menschen abzuwenden und Gottes Ehre zu retten, dürfte Maimonides seinen Schwur brechen und den Schüler Menasse töten. Mit zitternden Händen verrichtete er sein Werk und zerschlug das Glas in tausend Stücke und eine leblose Fleischmasse lag am Boden.

In dem Buch „Wunder des Rabbi Löw", einer ihm zugeschriebenen Handschrift, wird die Schöpfung des Golem gleichgesetzt mit der Schöpfung eines Menschen. Wenn man zwischen den Zeilen liest, sieht man gewisse Ähnlichkeiten mit der Praxis von Franz Bardon. Aber hören sie selbst:

„Der fanatische Geistliche Taddäus trieb jedoch weiter sein Unwesen. Abgesehen von aufreizenden Predigten war er auch gemeinsam mit seinem Gesinnungsgenossen rastlos bemüht, die Blutbeschuldigung gegen die Juden zu verbreiten. Rabbi Löw äußerte sich vor seinen Jüngern: „Ich fürchte diesen Taddäus, weil seine Seele ein Funke des Philisters Goliath ist. Ich hoffe ihn aber

doch zu besiegen, da meine Seele ein Funke des Judenjungen und späteren Königs David ist. Wir müssen aber alle Kräfte geistig anspornen, um ihm nicht zu unterliegen."

Es war im Jahre 1580. Taddäus setzte alle Hebel in Bewegung, um eine Blutanklage gegen die Prager Juden mit Erfolg herbeizuführen. Rabbi Löw erfuhr dies rechtzeitig und richtete eine „Traumfrage nach oben", mit welchen Mitteln er gegen den bösen Feind den Kampf aufnehmen solle. Er erhielt folgende (alphabethisch) geordnete Antwort: „Du schaffe einen Golem aus Lehm und du vernichtest das gemeine „Judenfressergesindel!"

Diese 10 (jüdischen) Worte legte Rabbi Löw nach dem im Buch Jezirah zugrunde liegenden Zirufim – der Verschmelzung der Worte – so aus, dass er die Überzeugung gewann, mit den vom Himmel eröffneten Buchstabenzahlen einen lebenden Körper aus Lehm erschaffen zu können.

Er ließ seinen Schwiegersohn Jizchak ben Simon, den Priester und seinen Jünger Jakob ben Chajim Sasson, den Leviten, zu sich kommen und vertraute ihnen das Mysterium an, wie ein Golem geschaffen werden könne. Rabbi Löw sprach: „Ich werde einen Golem schaffen und beanspruche deshalb eure Mitarbeit, weil zu dieser Schöpfung die vier Elemente: Esch, Majim, Ruach, Aphar – Feuer, Wasser, Luft und Erde notwendig sind. Du Jizchak bist das Element Feuer, du Jakob bist das Element Wasser, ich selbst bin Luft, wir werden miteinander aus dem vierten Element Erde den Golem erschaffen."

Rabbi Löw belehrte sie nun auf's Genaueste, wie sie sich vorerst durch tiefe, ernste Buße heiligen und reinigen müssten, um zum großen Werke der Schöpfung eines Scheinmenschen vorbereitet zu sein. Er wies auch auf die Gefahr für alle drei hin, wenn durch die unvollständige innere Einkehr das Werk misslingen sollte und die heiligen (quabbalistischen) Namen vergebens ausgesprochen, also entweiht würden. Am zweiten Tag des Monats Adar begaben sich die drei Männer nach Mitternacht in die Mikwa, das rituelle Tauchbad der Juden, tauchten diesmal in besonderer Andacht unter, gingen dann Wortlos nach Hause, wo sie Chazot, die Mitternachtsklage um Jerusalem, verrichteten und die dazugehörigen Psalmen mit höchster Andacht beteten. Sie nahmen dann das Buch Jezirah hervor, aus dem Rabbi Löw einige Kapitel vorlas. Schließlich begaben sie sich vor die Stadt zum Ufer der Moldau. Dort suchten sie nach einer Lehmstelle und machten sich gleich an die Arbeit. Bei Fackelschein und unter Rezetierung von Psalmen begann die Arbeit mit fiebernder Eile.

Sie formten aus Lehm die Gestalt eines Menschen in der Länge von drei Ellen mit allen Gliedern. Und der Golem lag vor ihnen mit dem Antlitz gen Himmel. Die drei Männer stellten sich dann zu seinen Füßen, so dass sie ihm genau ins Gesicht schauen konnten. Er lag wie ein Toter, ohne Regung. Nun befahl Rabbi Löw dem Priester, sieben Rundgänge, von rechts beginnend um den Lehmkörper zu machen, wobei er ihm die Zirufim, die er dabei zu sprechen hatte, anvertraute. Als das geschehen war, ward der Lehmkörper feuerrot. Und Rabbi Löw befahl dem Leviten, ebenso viele Rundgänge, von links beginnend zu machen, bedeutete auch ihm die für sein Element bestimmten Zirufim. Als dieser seine Aufgabe beendet hatte, erlosch die Feuerröte und es strömte Wasser aus dem Lehmkörper. Es sprossen Haare aus dem Haupte und Nägel an den Fingern und an den Zehen. Nun machte Rabbi Löw selbst einen Rundgang um den Lehmkörper, legte ihm einen auf Pergament geschriebenen Schem in den Mund und nach Osten und Westen, Süden und Norden sich neigend, sprachen sie alle drei gleichzeitig die Worte: „Und er blies ihm den lebendigen Odem in seine Nase und also ward der Mensch ein lebendiges Wesen" (Moses 2.1.).

Und die drei Elemente Feuer, Wasser und Luft bewirkten, dass das

vierte Element Erde lebendig wurde. Der Golem öffnete seine Augen und schaute wie staunend um sich. Und Rabbi Löw sprach zu ihm: „Steh auf Deinen Beinen!"
Und er stand auf. Dann bekleideten sie ihn mit den Gewändern eines Schames und er ward bald wie ein gewöhnlicher Mensch. Allein ihm fehlte das Sprachvermögen. Denn jene dem Rabbi Löw vom Himmel vertrauten Worte hatten für die Zirufim, nach welchem er dem Golem das Sprachvermögen zu geben vermocht hätte, nicht genügende Kraft. Und das war sogar ein Vorteil. Gott weiß was geschehen könnte, wenn ein Golem noch das Sprachvermögen hätte.

Bei Tagesanbruch gingen vier Männer nach Hause. Unterwegs sprach Rabbi Löw zum Golem also: „Wisse, dass wir Dich aus einem Erdkloß geformt haben. Deine Aufgabe wird es sein, die Juden vor Verfolgung zu schützen, Du wirst Josef genannt werden und wirst in der Rabbinatsstube nachten. Du, Josef, sollst meine Befehle befolgen, wann und wohin immer ich Dich schicken werde; in Feuer und Wasser, und wenn ich Dir befehle, vom Dache zu springen und wenn ich Dich auf den Meeresgrund schicke."
Josef nickte mit dem Kopf und machte Bewegungen als Zeichen der Bejahung. Zu Hause erzählte Rabbi Löw, er habe den stummen Fremdling auf der Gasse angetroffen und da er mit ihm Mitleid habe, nehme er ihn als Rabbinatsdiener auf. Er verbot jedoch seinen Hausleuten, sich des Golem zu Privatzwecken zu bedienen."

Auch über die Vernichtung des Elementars berichtet die gleiche Schrift:

„Nachdem geraume Zeit verstrichen war, in der die Gemeinde durch keine Blutbeschuldigung behelligt wurde, ließ Rabbi Löw seinen Schwiegersohn, Rabbi Jizchak den Priester und seinen Jünger, Jakob Sasson den Leviten, die bei der Schöpfung des Golems mitgewirkt hatten, zu sich kommen und sprach zu ihnen: „Nun ist der Golem ein überflüssiges Ding geworden, denn eine Blutanklage kann nunmehr

in den Ländern nicht mehr vorkommen. Diese Lüge ist nicht mehr zu befürchten. Wir werden ihn daher aus der Welt schaffen.'"

Es war am Leg-Bomer des Jahres 1593. Rabbi Löw befahl dem Golem diese Nacht nicht in der Rabbinatsstube zu schlafen, sondern sein Bett auf dem Dachboden der Altneusynagoge zu tragen und dort zu nächtigen. Das ging im Geheimen vor sich, da es um Mitternacht war. Als es zwei Uhr nachts war, erschien bei Rabbi Löw sein Schwiegersohn Rabbi Jizchak der Priester und sein Jünger Jakob Sasson der Levite und er stellte an sie die Frage, ob ein Toter, wie es der Golem sei, gleich sonstigem Töten einen Gegenstand der Verurteilung bilde. Diese Frage war deshalb wichtig, weil sich sonst der Priester bei der Zerstörung des Golem nicht hätte beteiligen dürfen. Rabbi Löw entschied, dass das nicht der Fall sei und der Priester sich daher an der Zerstörung des Werkes beteiligen könne. Sie bestiegen alle den Dachboden der Altneu-Synagoge. Der Diener Abraham Chajim ging voran mit zwei brennenden Kerzen. Die drei Männer begangen das Zerstörungswerk, die Vernichtung des Golem. Grundsätzlich taten sie alles umgekehrt, wie bei dessen Schöpfung. Hatten sie sich bei der Schöpfung zu Füßen des Golem gegenüber dem Kopfe gestellt, so standen sie nun zu seinem Haupte gegenüber den Füßen. Auch die Worte aus dem „Buche der Schöpfung" wurden rückwärts gelesen. Nach diesen Veranstaltungen erstarrte der Golem wieder zu einem Lehmkloß, wie er es vor seiner Belebung gewesen war. Rabbi Löw rief den Diener Abraham Chajim, nahm von ihm die Kerzen und befahl ihm, den Golem bis auf das Hemd zu entkleiden. Er wurde sodann mit alten Gebetsmänteln und Resten von hebräischen Büchern, die nach jüdischer Gepflogenheit auf dem Synagogendachboden aufbewahrt werden, zugedeckt. Die Kleider des Golem hatte Abraham Chajim auf Weisung Rabbi Löws unauffällig verbrannt. Des Morgens erfuhr man in der Judengasse, Josef Golem sei nachts aus der Stadt entwichen. Nur einzelne Leute, Männer hoher Stufe, wussten die Wahrheit. Rabbi Löw ließ in allen Synagogen und Bethäusern ein strenges Verbot kundmachen, den

Dachboden der Altneu-Synagoge zu besteigen."

Die Legende berichtet weiter, aus dem oben genannten Buch entnommen, wie der Golem unsichtbar gemacht wurde:

„Rabbi Löw verwendete nun den Golem nur in jenen Fällen, wo es sich darum handelte, irgendeine das Judentum angehende Beschuldigung aufzuklären. Wenn er ihm eine Mission auftrug, bei der Gefahr drohte, rüstete er ihn mit einem Amulett aus, das ihn unsichtbar machte. Als Unsichtbarer mischte er sich unter die Judenfeinde und erlauschte ihre Reden. Erfuhr er eine boshafte Verleumdung, so kam er schnell zu Rabbi Löw und das Verhängnis konnte rechtzeitig abgewendet werden."

Eine andere Aufgabe war die Beobachtung der jüdischen Gassen. Sah er etwas verdächtiges, untersuchte er es oder teilte es den Behörden mit. Der Golem wurde daher der Schrecken der Feinde!

Nicht unerwähnt will ich die interessante Geschichte von Josef Micha Bin Gorion über die Schaffung des Golems lassen, die die Legende aus einer etwas anderen Sicht zeigt:

„Es lebte zu Worms ein Mann von gerechtem Wesen mit Namen Bezalel. Diesem wurde in der Passahnacht ein Sohn geboren. Es war das Jahr fünftausendzweihundertdreiundsiebzig nach der Weltschöpfung, und die Juden litten unter schweren Verfolgungen. Die Völker, unter denen sie lebten, beschuldigten sie, dass sie bei der Herstellung des Passahbrotes Blut verwendeten. Als der Sohn R. Bezalels zur Welt kam, brachte seine Geburt schon Gutes. Wie nämlich das Weib von Geburtswehen erfasst wurde, liefen die Hausgenossen auf die Straße, um die Wehmutter zu holen, und vereitelten dadurch das Vorhaben einiger Bösewichte, die ein totes Kind im Sacke trugen und es mit der Absicht, die Juden des Mordes zu beschuldigen, in die Judengasse werfen wollten. Da weissagte R.

Bezalel über seinen Sohn und sprach: Dieser wird uns trösten und uns von der Plage der Blutbeschuldigungen befreien. Sein Name in Israel sei Juda Aria (=Löwe), gemäß dem Vers im Segen Jakobs: Juda ist ein junger Löwe; als meine Kinder zerrissen wurden, stieg er hoch.

Und der Knabe wuchs heran und ward ein Schriftgelehrter und Weiser, dem alle Wissenszweige vertraut waren, und der alle Sprachen beherrschte. Er wurde Rabbiner der Stadt Posen, bald darauf aber berief man ihn nach Prag, woselbst er oberster Richter der Gemeinde ward.

Sein Sinnen und Trachten war darauf gerichtet, seinem bedrängten Volke zu helfen und es von der Verleumdung des Blutgebrauchs zu befreien. Er bat den Himmel, ihm im Traume zu sagen, wie er den Priestern, die die falschen Beschuldigungen ausstreuten, beikommen könnte. Da ward ihm in einem nächtlichen Gesicht der Bescheid: Mache ein Menschenbild aus Ton, und du wirst der Böswilligen Absicht zerstören. Also rief der Meister im geheimen seinen Eidam, wie seinen ältesten Schüler zu sich und vertraute ihnen die himmlische Antwort an. Auch erbat er ihre Hilfe zu dem Werk. Die vier Elemente waren zur Erschaffung des Golems notwendig: Erde, Wasser, Feuer und Luft. Von sich selbst sprach der Rabbi, ihm wohne die Kraft des Windes inne; der Eidam sei einer, der das Feuer verkörpere; den Schüler nehme er als Sinnbild des Wassers; und so hoffe er, dass ihnen dreien das Werk vollkommen gelingen werde. Er legte ihnen ans Herz, von dem Vorhaben nichts zu verraten und sich sieben Tage lang für die Aufgabe vorzubereiten.

Als diese Frist um war, es war der zwanzigste Tag des Monats Adar im Jahre fünftausenddreihundertundvierzig und die vierte Stunde nach Mitternacht, begaben sich die drei Männer nach dem außerhalb der Stadt gelegenen Strome, an dessen Ufer eine Lehmgrube war. Hier kneteten sie aus dem weichen Ton eine menschliche Figur. Sie machten sie drei Ellen hoch, formten die einzelnen Gesichtszüge, danach die Hände und die Füße und legten sie mit dem Rücken auf die Erde. Hierauf stellten sie sich alle drei vor die Füße des

Tonbildes, und der Rabbi befahl seinem Eidam, siebenmal im Kreise darum zu schreiten und dabei eine von ihm zusammengesetzte Formel herzusagen. Als dies vollbracht war, wurde die Tonfigur gleich einer glühenden Kohle rot. Danach befahl der Rabbi seinem Schüler, gleichfalls siebenmal das Bild zu umkreisen und eine andre Formel zu sagen. Da kühlte sich die Glut ab, der Körper wurde feucht und strömte Dämpfe aus, und siehe da, den Spitzen der Finger entsprossten Nägel, Haare bedeckten den Kopf, und der Körper der Figur und das Gesicht erschienen als die eines dreißigjährigen Mannes. Hierauf machte der Rabbi selbst sieben Rundgänge um den Tonkloß, und die drei Männer sprachen zusammen den Satz aus der Schöpfungsgeschichte: Und Gott blies ihm den lebendigen Odem in die Nase, und der Mensch ward zur lebendigen Seele.

Wie sie den Vers zu Ende gesprochen hatten, öffneten sich die Augen des Golems, und er sah den Rabbi und seine Jünger mit einem Blick an, der Staunen ausdrückte. R. Löw sprach laut zu dem Bildnis: Richte dich auf! Und der Golem erhob sich und stand da auf seinen Füßen. Danach zogen ihm die Männer Kleider und Schuhe an, die sie mitgebracht hatten – es waren Kleidungsstücke, wie sie Synagogendiener trugen –, und der Rabbi sprach zu dem Menschen aus Ton: Wisse, dass wir dich aus dem Staub der Erde geschaffen haben, damit du das Volk vor dem Bösen behütest, das es von seinen Feinden zu leiden hat. Ich heiße deinen Namen Joseph; du wirst in meiner Gerichtsstube wohnen und die Arbeit eines Dieners verrichten. Du hast auf meine Befehle zu hören und alles zu tun, was ich von dir fordere, und hieße ich dich durchs Feuer gehen, ins Wasser springen, oder dich von einem hohen Turm herunterwerfen. Der Golem nickte mit dem Kopfe zu den Worten des Rabbi, als wollte er seine Zustimmung ausdrücken. Er hatte auch sonst in allem ein menschliches Gebaren; er hörte und verstand, was man zu ihm sprach, nur die Kraft der Rede blieb ihm versagt. So waren in jener denkwürdigen Nacht drei Menschen aus dem Hause des Rabbi gegangen; als sie aber um die sechste Morgenstunde heimkehrten, waren ihrer vier.

Seinen Hausgenossen sagte der Rabbi, dass er, als er des Morgens nach dem Tauchbad gegangen sei, einem Bettler begegnet wäre und ihn, da er redlich und unschuldig zu sein schien, mitgenommen habe. Er wolle ihn in seiner Lehrstube als Bedienten gebrauchen, verbiete es ihnen aber, den Knecht häusliche Arbeiten verrichten zu lassen.

Und der Golem saß beständig in einer Ecke der Stube, den Kopf auf beide Hände gestützt, und verhielt sich reglos wie ein Geschöpf, dem Geist und Verstand abgehen und das sich um nichts bekümmert, was in der Welt vorgeht. Der Rabbi sprach von ihm, dass ihm weder Feuer noch Wasser etwas anhaben würden, und dass ihn kein Schwert verwunden könne. Den Namen Joseph hatte er ihm zur Erinnerung an den im Talmud erwähnten Joseph Seda gegeben, welcher halb Mensch und halb Geist gewesen war, die Schriftgelehrten bedient und sie vielmal aus schwerer Bedrängnis gerettet hatte.

Der Hohe R. Löw bediente sich des Golems nur, wo es galt, die Blutbeschuldigung zu bekämpfen, unter welcher die Juden Prags besonders zu leiden hatten. Schickte R. Löw den Golem irgendwohin, wo dieser nicht gesehen sein sollte, so machte er ihm ein Amulett um, das auf Hirschhaut geschrieben war. Dieser Talisman machte ihn unsichtbar, er selbst aber konnte alles sehen. In der Zeit vor dem Passahfest musste der Golem allnächtlich durch die Stadt streifen und jeden aufhalten, der eine Last auf dem Rücken trug. War es ein totes Kind, das in die Judengasse geworfen werden sollte, so band er den Mann und die Leiche mit einem Strick, den er immer bei sich trug, und führte ihn nach dem Stadthaus, wo er ihn der Obrigkeit übergab. Die Kraft des Golems war übernatürlich, und er vollbrachte viele Taten.

Bruder und Schwester

Zu der Zeit lebten in Prag zwei Männer, die Genossen im Handel waren und große Erfolge in ihren Geschäften errungen hatten. Sie erwarben zusammen ein großes gemauertes Haus und bezogen es gemeinschaftlich, um darin zu wohnen. Und so lebten sie Tür an Tür in getreuer Nachbarschaft. Doch in einer Sache war ihr Schicksal nicht gleich. Während der eine gesunde und kräftige Kinder hatte, brachte die Frau des andern nur schwächliche Wesen zur Welt, die nicht immer am Leben blieben. Also erwachte in dem Weibe, das um das Leben ihrer Kleinen bangen musste, ein Neid über ihre Genossin, die Mutter der gesunden Kinder. Sie ließ sich ihre Gefühle nicht anmerken, aber die Wehmutter, die den beiden Frauen bei ihren Geburten beizustehen pflegte, verstand, was in dem Herzen der Unglücklichen vorging, und sie sann auf Mittel und Wege, sich ihr dienstbar zu erweisen.

Es fügte sich nun, dass die beiden Frauen an demselben Tage ein reinigendes Tauchbad nahmen und darauf zur selben Zeit schwanger wurden. Da beschloss die Wehmutter, die Kinder, die geboren werden sollten, zu vertauschen.

Die beiden Geburten trafen auch wirklich zusammen. Die glücklichere von den beiden Frauen kam mit einem Sohn nieder, und die Wehmutter rief: Glückauf. In dem andern Hause wurde gleichfalls ein Knabe geboren, und sie rief: Glück zum Sohne! Weil aber das erste Kind kräftiger war als das andre und sie befürchtete, dass dieses nicht am Leben bleiben würde, vertauschte sie es heimlich in derselben Nacht, als die Einwohner beider Häuser im Schlaf lagen.

Die zwei Frauen säugten die Kinder, und keine dachte daran, dass das Kind, dem sie die Brust reichte, nicht ihr eignes war. Und die Knaben wurden groß und wussten nicht, dass die, die sie Vater und Mutter nannten, nicht ihre Eltern waren. Auch sonst erfuhr niemand die Wahrheit, denn die Wehmutter hütete das Geheimnis sorgsam und verriet nichts von der begangenen Tat. Und eines Tages verstarb sie plötzlich, und das Geschehnis versank wie ein Stein im Meer.

Inzwischen nahte die Zeit heran, da die Sprossen der zwei Nachbarn sich verehelichen sollten. Gar verschieden waren die Verbindungen, die der Kinderreiche durch seine Söhne und Töchter einging. Bei dem jüngsten Sohne kam er jedoch mit dem Nachbar überein, ihn mit dessen Tochter zu vermählen. Also wurde die Verlobungsurkunde geschrieben, und bald darauf sollte die Hochzeit gefeiert werden. Der Hohe Rabbi Löw ward gebeten, das Paar einzusegnen, und er erschien zur Trauung. Als er aber den Kelch in die Hand nahm und den Segen sprechen wollte, entfiel ihm das Glas und zerbrach, und der Wein wurde verschüttet. Ihm wurde ein andres Glas mit Wein gereicht, aber auch dieses fiel ihm aus der Hand! Da erbleichte R. Löw ob des seltsamen Falles, und alle Anwesenden erschraken. Man schickte Joseph, den Golem, dass er andern Wein hole. Und der Golem lief über den Hof nach dem Keller seines Herrn. Die Hochzeitsgäste blickten ihm nach und sahen, wie er mit einem Unsichtbaren Winke austauschte. Als er vor der Kellertür anlangte, blieb er plötzlich stehen und wandte sich, ohne der Zurufe der Leute, die ihn zur Eile anspornten, zu achten, nach der Gerichtsstube R. Löws. Hier schrieb er auf einen kleinen Zettel einige Worte, kam zurück und reichte das Blatt seinem Meister. Darauf stand geschrieben: Braut und Bräutigam sind Bruder und Schwester. Starr vor Entsetzen warf R. Löw einen fragenden Blick auf den Golem; dieser aber winkte ihm, als bäte er ihn, ihm zu folgen. Nun sagte R. Löw den Versammelten, dass die Hochzeit an dem Tage nicht stattfinden könne, und dass man die Speisen unter die Armen verteilen solle. Darauf verließ er mit dem Golem den Trauungsort. Vor dem Fenster des Bethauses sah er einen Geist stehen; das war der Geist, der dem Golem gesagt hatte, wie es sich mit dem Brautpaar verhielte.

R. Löw beschloss nunmehr, das Dunkel der Angelegenheit zu klären. An dem folgenden Tage, als die Gemeindemitglieder zum Beten erschienen waren, bat er sie, auch nach dem Gottesdienst dazubleiben. Er hatte noch vorher in dem Raum in einer Ecke einen Verschlag aus Brettern machen lassen. Nachdem die Gebete verrichtet waren, nahm er mit seinen zwei Hilfsrichtern, die die Betmäntel noch umhatten, an einem Tische Platz. Den alten Synagogendiener schickte er zu dem Brautpaar und den Eltern, und als diese gekommen waren, befahl er dem Golem, im Beisein der ganzen Gemeinde auf den Friedhof zu gehen und die verstorbene Wehmutter zu rufen. Er gab ihm seinen Stock, damit er an das Grab schlage und die Entschlafene wecke. Die Anwesenden überfiel eine Angst, als sie diese Worte vernahmen. Da stand der Meister auf und sagte: Ich bitte euch, seid stille, es wird euch nichts geschehen.

Nach Ablauf einer halben Stunde erschien der Golem und händigte R. Löw den Stab aus und wies mit einer Armbewegung nach dem Bretterverschlag, als wollte er damit bedeuten, dass er die Botschaft ausgeführt und die Seele der Verstorbenen bereits hierher gebracht habe. Die Anwesenden wurden wieder von Furcht ergriffen; sie schlössen die Augen und saßen wie versteinert da. Da vernahm man die Stimme R. Löws, der sprach: Wir, der irdische Gerichtshof, bestimmen hiermit, dass du uns erklärst, wieso es von den Verlobten heißt, dass sie Bruder und Schwester sind.

Nun fing der Geist zu erzählen an und berichtete getreulich, was sich vor vielen Jahren in der Nacht, da die beiden Kinder geboren wurden, zugetragen hatte. Die Gemeinde hörte nur die Stimme der Sprechenden und unterschied nicht die einzelnen Worte; die Richter aber, die Eltern der Verlobten wie diese selbst konnten alles verstehen. Und die Tote fuhr fort und gestand, dass sie in den zwölf Jahren, die seit ihrem Ableben verstrichen waren, keine Ruhe im Grabe gekannt habe. Nur um des Hohen R. Löws willen sei ihr erlaubt worden, die Trauung zu stören, damit sie so die Möglichkeit erlange, ihren Fehler wieder gutzumachen. Sie weinte am Ende ihrer Rede, und die Gemeinde weinte mit.

Nunmehr beriet sich R. Löw mit den Richtern, wie das Urteil zu fällen sei. Diese bestimmten, dass die Schuldige zu allererst den Verlobten abbitten müsse dafür, dass sie ihnen vor aller Welt eine solche Beschämung zugefügt hatte. Wenn diese ihr vergeben hätten, so sei sie rein und frei von jeder Schuld. Wieder ward ein Schluchzen hörbar, die Verstorbene bat das Brautpaar um Verzeihung. Die Geschwister erwiderten ihr: Wir vergeben dir. Darauf verkündete der Gerichtshof: Wir irdischen Richter sprechen dich, Weib Soundso, frei, und also möge auch der himmlische Gerichtshof dich begnadigen. Zieh in Frieden, und danach ruh in Frieden, bis dass der Messias kommt.

Hernach befahl R. Löw, den Bretterverschlag abzubrechen zum Zeichen, dass die Tote nicht mehr dahinter sei, ein Brett aber zum Andenken an den Vorfall an das Grabmal der Wehmutter zu nageln. Er ließ das Gedenkbuch der Synagoge holen und trug die Begebenheit ein, damit die Nachwelt von ihr erfahre. Die anwesenden Richter mussten ihr Siegel darunter setzen.

Der Hohe R. Löw verfügte aber noch, dass der Knabe und das Mädchen, die zusammen aufgewachsen waren und in aller Welt Augen als Geschwister gegolten hatten, einander heiraten sollten. Des waren die beiden zufrieden, und auch die Eltern willigten ein. Also wurde die Hochzeit gefeiert, und die Neuvermählten wurden ein glückliches Paar, das sich großen Reichtums und langen Lebens erfreute.

Die Ruine

Unweit von Prag, auf der Straße, die zur Stadt führt, befand sich zur Zeit des Hohen Rabbi Löw eine verlassene Ruine, in der Dämonen ihr Unwesen trieben. Wanderer fürchteten sich, in der Nacht an dieser Stelle vorbeizugehen. Die einen glaubten, das Spiel einer Kapelle da zu hören, die andern wollten einen Mann auf dem Dache gesehen haben, der die Trompete blies, als riefe er Streitkräfte zu einem Kriege zusammen. Noch andre sahen eine Meute schwarzer Hunde um die Ruine kreisen. Also mieden die Reisenden die unheimliche Stätte.

Einmal begab es sich, dass ein Judäer aus Prag, der sich davon ernährte, dass er in den umliegenden Dörfern mit Waren umherzog, zu nächtlicher Zeit an der Ruine vorbeiging. Da sprang ein schwarzer Hund an ihn heran, umkreiste ihn bellend einigemal und lief zurück nach der Trümmerstätte. Grausen und Entsetzen erfassten den Mann, und fast ohnmächtig vor Schreck schleppte er sich nach Hause. Hier angekommen, erzählte er seinen Angehörigen, was ihm widerfahren

73

war, und begab sich darauf zu Bett. In der Nacht aber fuhren die Hausgenossen von ihrem Schlaf auf, denn sie hörten den Heimgekehrten einem Hunde gleich bellen. Sie eilten an sein Lager und weckten ihn. Der Mann war schweißbedeckt und erschüttert von dem, was er im Traume gesehen hatte: Es war ihm gewesen, als befände er sich in einer Schlachtreihe mit noch andern Männern, die alle auf schwarzen Hunden rittlings saßen und gleich Hunden laut bellten; sie zwangen auch ihn aus Leibeskräften zu bellen. In der Nacht darauf kam dasselbe Gesicht wieder, und der Händler gab wieder im Schlaf Hundelaute von sich. Dieses wiederholte sich nun Nacht für Nacht, und der Mann ward ganz schwach von der Qual, die er zu erdulden hatte, so dass er keine Kraft mehr hatte, seine Hausgenossen zu ernähren.

Als er nun sah, dass es mit ihm so weit gekommen war, nahm er seine letzten Kräfte zusammen und ging mit seiner Frau und den Kindern zu dem Hohen Rabbi Löw. Er weinte vor ihm, bat ihn flehentlich um Hilfe und erzählte von dem Ungemach, das ihn betroffen hatte. Da befahl der Rabbi, den Latz mit den Schaufäden, den der Mann dem Brauche gemäß an seinem Körper trug, zu untersuchen. Es erwies sich, dass an dem einen Zipfel einige Fäden fehlten, und so musste dieser erneuert werden. Auch die Gebetriemen des Mannes mussten instand gesetzt werden. Danach ließ der Rabbi von dem Thoraschreiber ein Amulett aus Hirschfell anfertigen, das der Händler vor dem Schlafengehen an die Stirn zu binden hatte. Außerdem aber sollte der Mann eine Woche lang nicht in seinem Hause nächtigen, sondern in der Gerichtsstube auf der Lagerstatt des Golems schlafen. In seinem Bett aber sollte diese Woche der Golem liegen. Dieses wurde befolgt. Der Händler fand auf dem Lager des seltsamen Knechtes seinen ruhigen Schlaf wieder und ward von keinem bösen Traum heimgesucht. Nach Ablauf der acht Tage kehrte er nach seiner Behausung zurück und war gesund und kräftig wie zuvor. Dem Golem aber gab der Rabbi ein Bündel Stroh und einen Zündlappen und befahl ihm, nach der Trümmerstätte zu gehen und sie in Brand zu stecken. Dies geschah, und der Ort hörte auf, ein Ort des Verderbens zu sein.

Der rätselhafte Bescheid

In dem Bethaus des Hohen Rabbi Löw ereignete sich einst am Versöhnungstage ein betrüblicher Vorfall. Ein Mann, dem die Ehre zuteil ward, nach dem Verlesen der Thora das heilige Buch wieder in die Lade zu legen, ließ es beim Tragen aus der Hand auf die Erde fallen. Dieses verursachte dem R. Löw ein großes Herzeleid, und er gab Befehl, dass alle, die bei dem Fall zugegen waren, am Rüsttage des nun nahenden Laubhüttenfestes fasten sollten. Er wusste aber, dass er damit seiner Pflicht noch nicht genügt hatte, denn nicht am Fasten allein hat der Wächter Israels Gefallen, und dass es ihm oblag, den Grund des Übels zu erforschen. Also sandte er an dem Fasttag die Bitte gen Himmel, ihn durch einen Traum aufzuklären, wodurch das Unglück gekommen sei. Er erhielt darauf eine Antwort, die aus einzelnen Schriftzeichen bestand, welche keinen Sinn ergaben. Da beschloss er, sich auch darin der Hilfe des Golems zu bedienen. Er schrieb die Schriftzeichen einzeln auf verschiedene Zettel und gab dem Golem auf, sie in der richtigen Reihenfolge zu ordnen.
Und der tönerne Knecht überlegte nicht lange und ordnete rasch die Zettel nach ihrem Inhalt. Sie ergaben den Vers aus der Schrift: Du sollst nicht bei deines Nächsten Weibe liegen.
Also begriff der Rabbi, dass der Mann, dem die heilige Rolle aus der Hand gefallen war, mit eines Mannes Eheweib sündigen Umgang pflog. Er ließ ihn alsbald vor sich kommen und legte ihm ans Herz, seine Sünde zu bekennen. Der Schuldige gestand sein Vergehen, und R. Löw gab ihm auf, Buße zu tun. Das sündige Weib aber wurde dem Gesetze gemäß von ihrem Manne geschieden.

Der Tod des Golems

Nachdem ein Gesetz herausgekommen war, das die Blutbeschuldigungen als grundlos bezeichnete und jede Anklage dieser

Art untersagte, beruhigten sich die Gemüter, und R. Löw beschloss, dem Golem seinen Odem wieder zu nehmen. Er ließ ihn auf ein Bett legen, befahl seinen Schülern, ihn abermals siebenmal zu umkreisen, wobei sie die Worte zu sprechen hatten, die seinerzeit bei der Erschaffung des Golems gesprochen worden waren, nur in umgekehrter Ordnung. Als die siebente Umkreisung zu Ende war, war der Golem leblos wie ein Stein. Man zog ihm die Kleider aus, wickelte ihn in zwei alte Gebetmäntel und verwahrte den Klumpen unter einem Haufen alter, schadhafter Bücher in der Dachstube des Rabbi.

R. Löw erzählte, dass, als er darangegangen sei, dem Golem den Odem einzublasen, zwei Geister zu ihm gekommen wären: Der Joseph des Teufels und der Jonathan des Teufels. Er wählte den Geist Josephs, weil dieser sich schon bei den Schriftgelehrten des Talmuds als Retter bewährt hatte. Die Kraft der Rede konnte er dem Golem nicht eingeben, denn was diesem innewohnte, war eine Art Lebenstrieb, aber keine Seele. Er war wohl mit einem geringen Unterscheidungsvermögen ausgestattet, aber Dinge der Weisheit und höhere Einsicht blieben ihm versagt.

Wiewohl nun der Golem keine Seele hatte, merkte man ihm am Sabbat etwas Besondres an, und sein Gesicht erschien freundlicher als an Wochentagen. Andre wiederum sagen, dass R. Löw an jedem Rüsttage zum Sabbat das Schildchen mit dem heiligen Gottesnamen, das unter der Zunge des Tongebildes steckte, zu entfernen pflegte, weil er befürchtete, dass der Sabbat ihn unsterblich machen könnte und die Menschen ihn als Götzen anbeten würden.

Der Golem barg in seinem Innern keinerlei Neigungen, weder gute, noch sündhafte. Was er tat, geschah nur unter Zwang und aus Furcht, zurück ins Nichts versenkt zu werden. Alles, was zehn Ellen über und zehn Ellen unter der Erde lag, war für ihn mit Leichtigkeit zu erreichen, und nichts konnte ihn an der Ausführung des einmal Unternommenen hindern.

Er musste ohne Zeugungstrieb erschaffen werden, sonst hätte sich kein Weib vor ihm retten können, und es wäre wieder das eingetreten, was sich in der Urzeit begeben hatte, als die Engel an den Menschentöchtern Gefallen fanden. Weil er aber keinen Trieb kannte, so haftete ihm auch keine Schlaffheit und keine Krankheit an. Auch besaß er die Eigenschaft, dass er den Wechsel der Stunden zur Tages- und Nachtzeit genau empfand. Es weht nämlich zu jeder Stunde vom Garten Eden ein Wind auf die Erde, der die Luft reinigt, und diesen Lufthauch vernahm der Golem dank seinem feinen Geruchsinn.

R. Löw behauptete, dass der Golem auch Anteil am ewigen Leben haben werde, da er so viel Mal Israel vor schwerer Not bewahrt hatte. Auch sagte er, dass er dereinst zusammen mit den Toten erwachen werde; er werde aber dann nicht mehr die Gestalt Joseph Sedas noch die, die er jetzt hatte, tragen, sondern in einer ganz neuen Gestalt erscheinen."

Zum Abschluss dieses Kapitels bringe ich noch die Schilderung von Walter Rathenau in **„Rabbi Eliesers Weib"** und überlasse sie getrost dem objektiven Urteil des Lesers:

„Zu der Zeit, da Rabbi Elieser ben Josef lehrte zu Jabne, geschah es, dass er sich erzürnte wider sein Weib, denn sie war unfruchtbar und nahm es sich zu Herzen, und ward schwermütig, und ihre Schönheit begann zu welken, und er schrieb ihr einen Scheidebrief und verstieß sie. Da er nun allein war in seinem Hause, sprach er: Ich will kein Weib mehr freien. Denn ich habe diese geliebt, und meine Hoffnung ist zuschanden geworden. Einen Golem will ich mir schaffen und ihm einen lebendigen Odem geben, dass ein Weib erstehe; und sie soll schöner sein als die Töchter Judas und heitern Sinnes; und soll meine Gedanken denken und meine Worte sprechen. Kinder soll sie mir gebären und mich erfreuen alle meine Lebenstage. Und er machte einen Golem aus Lehm und Erde und schrieb an seine Stirn den vierfach heiligen Namen und blies ihm lebendigen Odem ein und beschwor ihn, dass er atmete und lebte. Und siehe, das Weib war schöner als alle Töchter Judas und heitern Sinnes und der Liebe

kundig; und ihre Stimme war süß, und ihre Worte waren wie seine Worte, und ihre Gedanken waren wie seine Gedanken. Und er nannte sie Adamah und freute sich ihrer alle Tage und war guten Mutes. Und seine Werke waren gesegnet, und sein Ruhm mehrte sich, also dass die Heiden kamen von fern, um sein Wort zu hören, und sein Name genannt ward bis gen Edom. Und er rühmte sich dessen zu dem Weibe Adamah; die aber hörte ihn an und schwieg. Denn sie war unbewegt einen Tag wie alle Tage, und es geschah niemals, dass sie lachte noch dass sie weinete. Nach einem Jahre aber gebar sie ihm einen Sohn. Da geschah es, dass Rabbi Eliesers Mutter sich niederlegte und verschied. Elieser aber liebte sie von Herzen. Und da er in sein Haus trat mit schwerem Herzen und voll Kummer, kam das Weib ihm entgegen mit Trauerkleidern angetan und sprach: Siehe, deine Mutter war alt und schwach und grämlich. Sollte sie länger dahinsiechen und uns zur Last sein? So gedachte sie ihn zu trösten. Und abermals schlug der Herr den Rabbi Elieser, dass seinen jungen Sohn ein zehrendes Fieber befiel; und der Knabe starb in der dritten Nacht. Da nun Elieser in seiner Kammer lag und weinte und seine Tage verfluchte, trat das Weib zu ihm und sprach: „Rabbi, hast du nicht gelehrt, dass unmäßiger Schmerz den Weisen schändet?"
Da ergrimmte er vor Zorn und schüttelte seine Hände und schrie: „Habe ich dir nicht ein Herz gegeben, auf dass du trauerst, und eine Stimme, auf dass du klagest, und Augen, auf dass du weinest? Du aber bist nichts als toter Lehm und Erde" und ergriff das Weib und löschte aus mit seinem Finger das Wort an ihrer Stirn. Da entwich ihr Leben, und der Golem zerfiel in Schutt.
Der Rabbi aber machte sich auf in derselbigen Nacht mit allen seinen Jüngern und begab sich vor das Tor, wo sein Weib wohnte in Armut und Kümmernis, das er verlassen hatte, und klopfte an die Tür. Die Frau aber erschrak und kam hervor und rief: „Rabbi, bist du's? Kommst du bei Nacht mit Häschern und Fackeln, dass du mich umbringest?"
Rabbi Elieser kniete vor seinem Weibe und sprach zu seinen Jüngern: „Sehet, ich bin nicht wert, dass diese die Sünde von meinem Haupte

nehme."

Sein Weib aber weinte vor Freude, legte ihr armselig Gewand ab und tat ihre Hochzeitskleider an und folgte dem Rabbi in sein Haus. Elieser aber hielt sie in Ehren und liebte sie wie am Tage seiner Vermählung und schenkte ihr einen goldnen Schmuck mit feinen Perlen und Onyx; auf dem war geprägt das Bild der Stadt Jerusalem und des Tempels und der Burg Zion. Alle Weiber aber neideten ihr den Schmuck; und unter ihnen war die Frau des Hohenpriesters. Der Hohepriester aber schalt sie und sprach zu ihr: „Rabbi Eliesers Weib allein ist würdig, den Schmuck zu tragen unter den Weibern, denn ihre Liebe war mächtiger denn die Sünde."

2. Ein paar Erlebnisse von Anion

Anion schuf sich ein Elementar, das er in eine Puppe bannte, die ihm Auskunft über seine Schüler gab, wenn Gefahr drohte. Ariane hörte, wie ihr Mann mit dieser Puppe sprach und das eigenartige war, dass die kleine Puppe ihm antwortete und zwar stofflich, wie ein Mensch, sodass sie gar nicht hellhören brauchte.

Des Weiteren bannte er einen Schemen auf ein Siegelzeichen, welcher uns nach ritueller Anrufung eines Namens bei unseren Übungen Hilfe leistete. Auf unerklärliche Weise verschwand nach seinem Tod der grobstoffliche „Körper" des Schemens, so dass wir gezwungen waren, die Zeichnung mit dem Siegel zu vernichten. Eigenartiger Weise nahm dieses Wesen schon vampirische Züge an. Und da wurde es Zeit.

Anion erzählte mir einmal, dass viele Zauberer oder auch gut geschulte Hexen des Öfteren ein Elementar in Katzen oder Raben bannen. Diese sitzen auf deren Schultern und flüstern ihnen Dinge ein, die sie wissen wollen. Da Anion auch einen schwarzen Hund hatte, fragte ich ihn, ob er auch solch ein Wesen dort hinein gebannt hatte. Doch er verneinte mit der Begründung, dass der Hund für ihn so oder so in den Tod gehen würde. Das wäre schon Hilfe genug.

3. Was die Engländer so berichten

Nun behandeln wir einen weiteren Punkt. Eine Methode des magischen Angriffs kann mit der Hilfe von künstlichen Elementaren ausgeführt werden. Es gibt aber auch die gegenteilige Behauptung, dass sterbende Mütter in der Sorge um das Wohlergehen ihrer Kinder häufig unbewusst solche Wesen schaffen. Dion Fortune berichtet, dass sie selbst einmal eine äußerst unangenehme Erfahrung hatte, in der sie unbeabsichtigt einen Werwolf bildete.

Sie hatte großes Unrecht von jemand erfahren und war nahe daran, ihm das zu vergelten. Während sie sich eines Nachmittags auf ihrem Bett ausruhte, brütete sie über ihre Empörung nach und trieb langsam den Grenzen des Schlafes entgegen. Da kam Dion Fortune der Gedanke, alle Rücksicht abzuwerfen und verrückt zu spielen.

Die alten nordischen Mythen stiegen vor ihr auf, und sie stellte sich Fenris vor, das Wolf-Ungeheuer des Nordens. Sofort spürte sie ein merkwürdig ziehendes Gefühl aus dem Sonnengeflecht heraus, und schon materialisierte sich neben ihr auf dem Bett ein großer Wolf. Es war eine gut materialisierte ektoplasmische Form. Der Wolf war grau und farblos und hatte Gewicht. Zu jener Zeit wusste sie angeblich noch nichts über die Art, wie Elementare erzeugt werden, sondern war zufällig auf die richtige Methode gestoßen: Das stark mit Emotion geladene Brüten, die Beschwörung einer entsprechenden Naturkraft und der Zustand zwischen Schlafen und Wachen, in welchem das ätherische Doppel leicht austritt. Fortune war entsetzt darüber, was sie getan hatte, wusste auch sofort, dass – berichtet sie weiter: „ . . . ich mich in einer heiklen Lage befand und alles davon abhängen würde, einen klaren Kopf zu bewahren. Ich hatte genug Erfahrung mit praktischem Okkultismus, um zu wissen, dass dieses Etwas, das ich sichtbar manifestiert hatte, durch meinen Willen kontrolliert werden konnte, wenn ich nicht in Panik geriet; dass ich *aber, wenn ich die Nerven verlöre und es die Oberhand gewänne, mit einem Frankenstein-Monstrum fertig zu werden hätte. Ich bewegte mich leicht, doch das Geschöpf hatte offensichtlich etwas dagegen, gestört zu werden; denn es drehte mir über seine Schulter seine lange Schnauze zu und knurrte Zähne fletschend. Jetzt hatte ich wirklich Angst; doch ich wusste, dass alles davon abhing, die Oberhand zu gewinnen und zu behalten, und dass es das einzig Richtige war, die Sache sofort auszukämpfen. Je länger nämlich dieses Ding existierte, je stärker würde es und um so schwieriger würde die Auflösung werden. So stieß ich mit meinem Ellbogen in seine haarigen, ektoplasmischen Rippen und sagte laut zu ihm: „Wenn Du Dich nicht benehmen kannst, musst du hinunter auf die Erde", und drängte es vom Bett hinunter. Es ging hinunter, fromm wie ein Lamm, und verwandelte sich zu meiner großen Erleichterung von einem Wolf in einen Hund. Dann schien sich die nördliche Ecke des Zimmers aufzulösen, und das Geschöpf ging durch die Öffnung hinaus. Ich war aber noch längst nicht beruhigt; denn ich hatte das Gefühl, die Sache sei noch nicht beendet, und mein Gefühl wurde bestätigt, als mir am nächsten Morgen eine Haushaltshilfe berichtete, dass sie im Schlaf durch Träume von Wölfen beunruhigt worden sei, und als sie in der Nacht aufwachte, habe sie in der Ecke ihres Zimmers die Augen eines wilden Tieres in der Dunkelheit glühen sehen. Nun gründlich alarmiert, machte ich mich auf den Weg, um jemand um Rat zu fragen, den ich immer als meinen Lehrer betrachtet habe. Er sagte mir, dass ich dieses Tier durch Rache-gedanken aus meiner eigenen Substanz geschaffen hätte und es tatsächlich etwas aus mir Ausgetretenes sei, dass ich es um jeden Preis zurückrufen, wieder in mich aufnehmen und gleichzeitig auf meinen Wunsch verzichten müsse, mit der Person abzurechnen, die mir unrecht getan habe. Merkwürdigerweise ergab sich gerade zu diesem Zeitpunkt eine Gelegenheit, meinen Gegner sehr wirksam fertig zu machen. Zur Erleichterung aller Beteiligten war ich klug genug, um einzusehen, dass ich am Scheideweg stand und den ersten Schritt auf dem Pfad-zur-Linken tun würde, wenn ich nicht vorsichtig wäre. Würde ich die Gelegenheit nützen, meinem Ärger praktischen Ausdruck zu geben, so erhielte die Wolfsform eine selbständige Existenz, und der Teufel bekäme seinen Anteil, sowohl buchstäblich wie auch bildlich. Ich hatte den deutlichen Eindruck – und Eindrücke sind sehr wichtig in magischen Angelegenheiten, denn sie stellen unterbewusstes Wissen und Erfahrung dar, dass die Wolfsgestalt, wenn der Wolfsimpuls erst tätigen Ausdruck gefunden hätte, die Nabelschnur durchtrennen würde, die sie mit meinem Solarplexus verband, so dass es mir nicht mehr möglich wäre, sie zu absorbieren. Die Aussichten waren nicht angenehm. Ich sollte auf meine geliebte Rache verzichten und zulassen, dass mir Unrecht geschah, ohne mich zu verteidigen, und außerdem sollte ich eine Wolfsgestalt herbei zitieren und absorbieren, die zu mindestens für mein psychisches Bewusstsein unangenehm real aussah. Dies war auch keine Situation, in der ich um Unterstützung bitten oder viel Sympathie erwarten konnte. Dennoch musste es geschafft werden, und ich wusste auch, dass mit jeder Stunde, die das Tier länger existierte, die Befreiung schwieriger würde; also fasste ich den Entschluss, mir die Gelegenheit zur Rache durch die Finger gehen zu lassen, und rief das Wesen bei Eintritt der Dämmerung zu mir zurück. Es kam wieder durch die nördliche Ecke des Zimmers herein (später erfuhr ich, dass der Norden in der Antike als üble Gegend betrachtet wurde) und präsentierte sich auf dem Kaminvorleger in einer ganz milden und zahmen Weise. Ich erhielt eine ausgezeichnete Materialisation im Halbdunkel und hätte schwören mögen, dass ein großer Elsässer dort vor mir stand und mich anschaute. Die Gestalt war greifbar, sogar mit dem spezifischen Hundegeruch. Mit dieser Gestalt verband mich eine schattenhafte Schnur aus Ektoplasma: Das eine Ende war mit meinem Solarplexus verbunden, und das andere verschwand in dem zottigen Fell des Tierbauches, aber ich konnte den genauen Befestigungspunkt nicht ausmachen. Durch meine Willens- und Vorstellungskraft fing ich nun an, entlang dieser Silberschnur das Leben aus dieser Gestalt zu ziehen, so wie man Limonade mit einem Strohhalm aus einer Flasche saugt. Die*

Wolfsgestalt begann zu verschwinden, die Schnur wurde dicker und materieller. Ein heftiger emotioneller Aufruhr vollzog sich in mir; ich spürte die wütendsten Impulse, verrückt zu spielen und alles und jedes zu zerschlagen und zu zerreißen, was mir in die Hand käme, wie ein Malaie, der Amok läuft. Ich bekämpfte diesen Impuls mit aller Kraft, und der Aufruhr legte sich. Die Wolfsgestalt hatte sich jetzt in einen formlosen grauen Nebel aufgelöst, der dann auch noch entlang der Silberschnur absorbiert werden musste. Die Spannung ließ nach, und ich war in Schweiß gebadet. Das war meines Wissens das Ende dieses Vorfalls. Ich hatte eine tüchtige Lektion, und obendrein eine höchst lehrreiche erhalten. Sie mag für andere Menschen aus Mangel an bestätigenden Beweisen nicht überzeugend sein, aber für mich war sie überaus beweiskräftig. Ich habe sie als wertvoll für diejenigen niedergeschrieben, die aufgrund persönlicher Erfahrung ihre Bedeutung erkennen können. Dabei ist ein Umstand sehr merkwürdig gewesen, dass sich ausgerechnet während der kurzen 24-stündigen Lebenszeit dieses Dinges die Gelegenheit zu einer wirkungsvollen Rache geboten hatte."

Crowley schreibt über diese Absorptionsmethode in seinem Buch „Moonchild"; doch Anion sagte mir einst, als ich ihn darüber ausfragte, ob diese Methode sinnvoll sei, dass es viel bessere und schnellere Tötungs-Praktiken gäbe.

Klosteranlagen, deren Insassen zur Zeit der Reformation verfolgt und vertrieben wurden, werden auch häufig von starken Kräften heimgesucht. Der Gruppengeist einer religiösen Gemeinschaft ist sehr mächtig, und wenn er nach gemeinsamen Emotionen seiner Glieder zerstört wird, lassen sich die so freigesetzten Kräfte nicht leicht zerstreuen. In alten Zeiten war es vor der Zerstörung einer Stadt üblich, sich ihrer Gruppenseele zu bemächtigen, um die Stadt leichter einzunehmen. Außerdem wollten die Mönche als Eingeweihte in die Mysterien des Joshua Christus wahrscheinlich ihre geweihten Stätten nicht mutwillig den Plünderern überlassen. Es wurde immer wieder berichtet, dass ein Fluch auf all denen ruht, die sich durch Plünderung von Kirchengut bereicherten. Selbst die Fraternitas Saturni erschuf solch ein Wesen Namens „Gothos", welches ihre irrigen Logenideale verkörperte.

Okkultisten wissen im allgemeinen, dass es nicht angenehm ist, in Konflikt mit einer okkulten Bruderschaft zu geraten, bei der man durch eine zeremonielle Einweihung Mitglied wurde und an die man durch Eide gebunden ist. Wie wir schon berichtet haben, ist der böse Geist eines geübten Okkultisten eine gefährliche Waffe; wie viel mehr aber der Gruppengeist respektive Egregor, gebildet aus einer Anzahl trainierter Geister, besonders wenn er durch das Ritual konzentriert wurde. Aber zusätzlich zu der individuellen Mentalkraft der Mitglieder einer Bruderschaft und zusätzlich zur kollektiven Kraft ihres Gruppengeistes muss noch mit einem anderen Faktor gerechnet werden, wenn es um eine echte okkulte Organisation mit ihren Operationen zum Schutz oder zur Vernichtung geht. Jede okkulte Organisation hängt mit ihrer Initiationskraft von sogenannten Kontakten ab, das heißt von einem oder mehreren Leitern, die psychisch mit gewissen Kräften in Berührung stehen. Wenn diese Organisation zusätzlich eine lange Traditionskette hinter sich hat, wurde eine sehr machtvolle Sammlung von Gedankenformen in ihrer Atmosphäre aufgebaut.

Im Falle der Auseinandersetzung mit einer okkulten Bruderschaft kann die in einem solchen Eid aufgerufene Kraft automatisch in Aktion treten.

4. Homunkulus

Mit dem im Titel des Buches befindlichen Wort „Homunkulus"
dürfte nicht jeder Leser klar kommen. Es stammt aus dem Mittelalter
und bedeutet dasselbe wie „Gedankenwesen". So einfach, doch seine
Erzeugung wurde damals sehr symbolisch beschrieben, was es aber
umso interessanter macht, einmal diese Seite zu betrachten. Es ist ein
auf chemischen Wege erzeugter „Mensch" und Paracelsus schreibt
ein ganzes Kapitel darüber. Einige Schriftsteller meinen, dass dies
eine luziferianische Überheblichkeit sei, andere wiederum dass das
durch die „Allmacht" der Gedanken dennoch möglich ist. Blut und
Sperma (Lebenskräfte) sind die Hauptbestandteile der auf
fantastischem Wege hergestellten Wesenheiten, welche für diese
magische-alchemistische (!) Operation notwendig sind. Paracelsus
ärgert sich, dass diese Möglichkeit der Wesen-Schöpfung nicht
gebührend behandelt wird. Sogar Bardon schreibt, dass es möglich
ist, einen vierpoligen Menschen auf magische Art und Weise
tatsächlich zu erschaffen! Paracelsus gibt uns hierzu folgende
umständliche, symbolische Anweisung:

Man verschaffe sich eine genügend große Menge männlichen
Samens, gibt ihn in eine Retorte und bewahre dieselbe bei einer
Temperatur, die dem inneren eines Pferdeleibes entspricht auf und
zwar während 40 Tage und Nächte oder unter Umständen auch
länger. So lange auf jeden Fall, bis diese Substanz anfängt zu leben,
sich zu bewegen. Nach dieser Zeit hat sich ein gallertartiges
Menschlein gebildet – der Schemen – das man insgeheim tagtäglich
mit frischen Menschenblut vorsichtig ernährt und während 40
Wochen sorgfältig auf vorgenannter Temperatur belassen muss, bis es
zu einem vollständigen Menschen geworden ist. Die Pflege und
Erziehung des Homunkulus muss mit besonderer Sorgfalt geschehen,
damit er wächst und den Gebrauch der Vernunft erlangt, was

wiederum bedeutet, dass er mit gewissen Aufgaben vertraut wurde.

Christian Pitois, der Bibliothekar der Pariser Nationalbibliothek, schreibt zur Erzeugung dieses Geschöpfes folgendes: *„Aus einem Ei einer schwarzen Henne wird soviel Eiweiß entfernt, wie dem Volumen einer dicken Bohne entspricht. Die fehlende Menge Eiweiß ersetzt man durch männlichen Samen und verschließe das Ei mit angefeuchtetem Jungfern-Pergament. Aus den Epakten ermittle man den Neumond im Monat März und am ersten Tag, wo der Mond sichtbar wird, vergrabe man das Ei im Mist. Nach dem Verlauf von 40 Tagen wird dem Ei ein Homunkulus entsteigen, der eine gewisse Ähnlichkeit mit dem Menschen aufweist. Man muss dieses Menschlein an einem geheimen Ort aufbewahren und es sorgfältig mit Lavendelsamen und Regenwürmern ernähren. So lange das Homunkulus lebt, wird dessen Erzeuger Glück haben in allem, was er unternimmt."*

Kiesewetter berichtete in der Zeitschrift „Sphinx" über die geglückten Versuche des Grafen Kueffstein, der damit angebliche eine Schar Kobolde geschaffen hat, die die tollsten Streiche vollführten. Selbst Roger Bacon und Thomas von Aquin sollen gewisse „mechanische" Automaten besessen haben, die sogar in der Lage waren zu sprechen und zu disputieren, also mit Intelligenz begabt waren. Der bekannteste Homunkulus-Roman ist „Frankenstein" von M. Shelly, über den ich nichts zu sagen brauche. Auch der bekannte Schriftsteller Gustav Meyrink verfasste den Roman „Der Golem" indem er dieses Thema aufnahm. Der Roman „Le Secret de Michel Oppenheim" von A. Porte du Trait de Ages über dieses Thema ist bei uns weniger bekannt.

Doch nun lassen wir den Dichterfürsten Goethe sprechen, der eine ähnliche Schöpfung in seinem Faust – Teil 2 – beschrieben hat:

Laboratorium

WAGNER:
Die Glocke tönt, die fürchterliche,
Durchschauert die berußten Mauern.
Nicht länger kann das Ungewisse
Der ernstesten Erwartung dauern.
Schon hellen sich die Finsternisse;
Schon in der innersten Phiole
Erglüht es wie lebendige Kohle,
Ja wie der herrlichste Karfunkel,
Verstrahlend Blitze durch das Dunkel.
Ein helles weißes Licht erscheint!
O dass ich´s diesmal nicht verliere!
Ach Gott! was rasselt an der Türe?

MEPHISTOPHELES:
Willkommen! Es ist gut gemeint.

WAGNER:
Willkommen zu dem Stern der Stunde!
Doch haltet Wort und Atem fest im Munde,
Ein herrlich Werk ist gleich zustand gebracht.

MEPHISTOPHELES:
Was gibt es denn?

WAGNER:
Es wird ein Mensch gemacht.

MEPHISTOPHELES:
Ein Mensch? Und welch verliebtes Paar
Habt ihr ins Rauchloch eingeschlossen?

WAGNER:
Behüte Gott! wie sonst das Zeugen Mode war,
Erklären wir für eitel Possen.
Der zarte Punkt, aus dem das Leben sprang,
Die holde Kraft, die aus dem Innern drang
Und nahm und gab, bestimmt sich selbst zu zeichnen,
Erst Nächstes, dann sich Fremdes anzueignen,
Die ist von ihrer Würde nun entsetzt;
Wenn sich das Tier noch weiter dran ergetzt,
So muss der Mensch mit seinen großen Gaben
Doch künftig höhern, höhern Ursprung haben.
Es leuchtet! Seht! - Nun lässt sich wirklich hoffen,
Dass, wenn wir aus viel hundert Stoffen
Durch Mischung - denn auf Mischung kommt es an -
Den Menschenstoff gemächlich komponieren,
In einen Kolben verlutieren
Und ihn gehörig kohobieren,
So ist das Werk im stillen abgetan.
Es wird! Die Masse regt sich klarer!
Die Überzeugung wahrer, wahrer:
Was man an der Natur Geheimnisvolles pries,
Das wagen wir verständig zu probieren,
Und was sie sonst organisieren ließ,
Das lassen wir kristallisieren.

MEPHISTOPHELES:
Wer lange lebt, hat viel erfahren,
Nichts Neues kann für ihn auf dieser Welt geschehn.
Ich habe schon in meinen Wanderjahren
Kristallisiertes Menschenvolk gesehn.

WAGNER:
Es steigt, es blitzt, es häuft sich an,

Im Augenblick ist es getan.
Ein großer Vorsatz scheint im Anfang toll;
Doch wollen wir des Zufalls künftig lachen,
Und so ein Hirn, das trefflich denken soll,
Wird künftig auch ein Denker machen.
Das Glas erklingt von lieblicher Gewalt,
Es trübt, es klärt sich; also muss es werden!
Ich seh´ in zierlicher Gestalt
Ein artig Männlein sich gebärden.
Was wollen wir, was will die Welt nun mehr?
Denn das Geheimnis liegt am Tage.
Gebt diesem Laute nur Gehör,
Er wird zur Stimme, wird zur Sprache.

HOMUNCULUS:
Nun Väterchen! Wie steht´s? es war kein Scherz.
Komm, drücke mich recht zärtlich an dein Herz!
Doch nicht zu fest, damit das Glas nicht springe.
Das ist die Eigenschaft der Dinge:
Natürlichem genügt das Weltall kaum,
Was künstlich ist, verlangt geschlossnen Raum.
Du aber, Schalk, Herr Vetter, bist du hier
Im rechten Augenblick? ich danke dir.
Ein gut Geschick führt dich zu uns herein;
Dieweil ich bin, muss ich auch tätig sein.
Ich möchte mich sogleich zur Arbeit schürzen.
Du bist gewandt, die Wege mir zu kürzen.

WAGNER:
Nur noch ein Wort! Bisher musst´ ich mich schämen,
Denn alt und jung bestürmt mich mit Problemen.
Zum Beispiel nur: noch niemand konnt´ es fassen,
Wie Seel´ und Leib so schön zusammenpassen,
So fest sich halten, als um nie zu scheiden,

Und doch den Tag sich immerfort verleiden.
Sodann.

MEPHISTOPHELES:
Halt ein! ich wollte lieber fragen:
Warum sich Mann und Frau so schlecht vertragen?
Du kommst, mein Freund, hierüber nie ins reine.
Hier gibt's zu tun, das eben will der Kleine.

HOMUNCULUS:
Was gibt's zu tun?

MEPHISTOPHELES:
Hier zeige deine Gabe!

WAGNER:
Fürwahr, du bist ein allerliebster Knabe!

HOMUNCULUS:
Bedeutend!
Schön umgeben! - Klar Gewässer
Im dichten Haine! Fraun, die sich entkleiden,
Die allerliebsten! - Das wird immer besser.
Doch eine lässt sich glänzend unterscheiden,
Aus höchstem Helden -, wohl aus Götterstamme.
Sie setzt den Fuß in das durchsichtige Helle;
Des edlen Körpers holde Lebensflamme
Kühlt sich im schmiegsamen Kristall der Welle.
Doch welch Getöse rasch bewegter Flügel,
Welch Sausen, Plätschern wühlt im glatten Spiegel?
Die Mädchen fliehn verschüchtert; doch allein
Die Königin, sie blickt gelassen drein
Und sieht mit stolzem weiblichem Vergnügen
Der Schwäne Fürsten ihrem Knie sich schmiegen,

Zudringlich-zahm. Er scheint sich zu gewöhnen.
Auf einmal aber steigt ein Dunst empor
Und deckt mit dichtgewebtem Flor
Die lieblichste von allen Szenen.

MEPHISTOPHELES:
Was du nicht alles zu erzählen hast!
So klein du bist, so groß bist du Phantast.
Ich sehe nichts.

HOMUNCULUS:
Das glaub´ ich. Du aus Norden,
Im Nebelalter jung geworden,
Im Wust von Rittertum und Pfäfferei,
Wo wäre da dein Auge frei!
Im Düstern bist du nur zu Hause.
Verbräunt Gestein, bemodert, widrig,
Spitzbögig, schnörkelhaftest, niedrig!
Erwacht uns dieser, gibt es neue Not,
Er bleibt gleich auf der Stelle tot.
Waldquellen, Schwäne, nackte Schönen,
Das war sein ahnungsvoller Traum;
Wie wollt´ er sich hierher gewöhnen!
Ich, der Bequemste, duld´ es kaum.
Nun fort mit ihm!

MEPHISTOPHELES:
Der Ausweg soll mich freuen.

HOMUNCULUS:
Befiehl den Krieger in die Schlacht,
Das Mädchen führe du zum Reihen,
So ist gleich alles abgemacht.
Jetzt eben, wie ich schnell bedacht,

Ist klassische Walpurgisnacht;
Das Beste, was begegnen könnte.
Bringt ihn zu seinem Elemente!

MEPHISTOPHELES:
Dergleichen hab´ ich nie vernommen.

HOMUNCULUS:
Wie wollt´ es auch zu euren Ohren kommen?
Romantische Gespenster kennt ihr nur allein;
Ein echt Gespenst, auch klassisch hat´s zu sein.

MEPHISTOPHELES:
Wohin denn aber soll die Fahrt sich regen?
Mich widern schon antikische Kollegen.

HOMUNCULUS:
Nordwestlich, Satan, ist dein Lustrevier,
Südöstlich diesmal aber segeln wir--
An großer Fläche fließt Peneios frei,
Umbuscht, umbaumt, in still - und feuchten Buchten;
Die Ebne dehnt sich zu der Berge Schluchten,
Und oben liegt Pharsalus, alt und neu.

MEPHISTOPHELES:
O weh! Hinweg! Und lasst mir jene Streite
Von Tyrannei und Sklaverei beiseite.
Mich langeweilt´s; denn kaum ist´s abgetan,
So fangen sie von vorne wieder an;
Und keiner merkt: er ist doch nur geneckt
Vom Asmodeus, der dahinter steckt.
Sie streiten sich, so heißt´s, um Freiheitsrechte;
Genau besehn, sind´s Knechte gegen Knechte.

HOMUNCULUS:

Den Menschen lass ihr widerspenstig Wesen,
Ein jeder muss sich wehren, wie er kann,
Vom Knaben auf, so wird´s zuletzt ein Mann.
Hier fragt sich´s nur, wie dieser kann genesen.
Hast du ein Mittel, so erprob´ es hier,
Vermagst du´s nicht, so überlass es mir.

MEPHISTOPHELES:

Manch Brockenstückchen wäre durchzuproben,
Doch Heidenriegel find´ ich vorgeschoben.
Das Griechenvolk, es taugte nie recht viel!
Doch blendet´s euch mit freiem Sinnenspiel,
Verlockt des Menschen Brust zu heitern Sünden;
Die unsern wird man immer düster finden.
Und nun, was soll´s?

HOMUNCULUS:

Du bist ja sonst nicht blöde;
Und wenn ich von thessalischen Hexen rede,
So denk´ ich, hab´ ich was gesagt.

MEPHISTOPHELES:

Thessalische Hexen! Wohl! das sind Personen,
Nach denen hab´ ich lang´ gefragt.
Mit ihnen Nacht für Nacht zu wohnen,
Ich glaube nicht, dass es behagt;
Doch zum Besuch, Versuch -

HOMUNCULUS:

Den Mantel her,
Und um den Ritter umgeschlagen!
Der Lappen wird euch, wie bisher,
Den einen mit dem andern tragen;

Ich leuchte vor.

WAGNER:
Und ich?

HOMUNCULUS:
Eh nun,
Du bleibst zu Hause, Wichtigstes zu tun.
Entfalte du die alten Pergamente,
Nach Vorschrift sammle Lebenselemente
Und füge sie mit Vorsicht eins ans andre.
Das Was bedenke, mehr bedenke Wie.
Indessen ich ein Stückchen Welt durchwandre,
Entdeck´ ich wohl das Tüpfchen auf das i.
Dann ist der große Zweck erreicht;
Solch einen Lohn verdient ein solches Streben:
Gold, Ehre, Ruhm, gesundes langes Leben,
Und Wissenschaft und Tugend - auch vielleicht.
Leb wohl!

WAGNER:
Leb wohl! Das drückt das Herz mir nieder.
Ich fürchte schon, ich seh´ dich niemals wieder.

MEPHISTOPHELES:
Nun zum Peneios frisch hinab!
Herr Vetter ist nicht zu verachten.
Am Ende hängen wir doch ab
Von Kreaturen, die wir machten."

5. Ein paar gefährliche Erlebnisse

Auch Douval schreibt in seinem zehnten Band „Magische Phänomene", dass sich Elementare gerne verselbständigen. Sie ernähren sich von den immer wieder erneut aufkommenden und gleichen Gedankengängen. *„Aus diesem Grunde haben die Elementarkräfte nur den Wunsch, keinen anderen, neuen Gedanken in ihrem Erzeuger aufkommen zu lassen. Sie wünschen die Wiederholung des Gedankens, dem sie ihr Dasein verdanken und wirken entsprechend auf ihren Schöpfer ein: Bei einem niederen Gedanken fällt also nun schon die Wirkung auf den Verursacher zurück, bis er unter Umständen ganz dem Einfluss eines Elementarwesens verfällt. Diese Elementarwesen sind entweder egoistischer Natur – dann bedrängen sie ihren Erzeuger immer wieder zu gleichem Denken und Tun – oder sie sind auf ein anderes Menschenwesen in böser Absicht gerichtet: Dann wenden sie sich diesem zu, festzustellen, ob er eine ihnen genehme Schwäche zeigt. Ist dies aber nicht der Fall, kehren sie zu ihrem Verursacher zurück und stürzen mit ihrer ganzen ungebändigten Wildheit über diesen her: Wiederum Rückwirkung, wie ein Bumerang. Selbstverständlich kann – ja, soll – man die Elementarkräfte auch im Guten verwenden: Anderen Menschen gute und liebe Gedanken, helfende Wünsche senden. Dann bemüht sich die Elementarkraft wiederum, den „Auftrag" des Erzeugers auszuführen. Sie wirken und tun alles, was zu seiner Ausführung beitragen kann. Stark aktivierte Elementarkräfte können zu dienstbaren Helfern ihrer Erzeuger werden, die jeden Wunsch ausführen; sie sind allerdings – bei schwarzmagischem Tun – tyrannische Gesellen, die bald „den eigenen Herrn fressen", d. h. vernichten. So kann der willkürlich hervorgerufene „Spuk", der einen anderen behelligen soll, sehr leicht zum Mörder seines eigenen Schöpfers werden. Die Geschichte der Magie kennt zahllose Fälle dieser Art."*

Einen Fall dieser Art schildert er etwas weiter unten, den ich auch zitiere, um die Wahrheit besser ans Tageslicht kommen zu lassen:

„Mir schaudert noch heute, wenn ich an die heftigen Kämpfe zurückdenke, die ich mit dem selbst geschaffenen Elementarwesen Namens „Cagaster" zu bestehen hatte, bevor es mir endlich durch eine List gelang, mich seiner wieder zu entledigen.

Aber ich will jetzt dazu übergehen, zu erzählen, auf welche Weise ich Cagaster schuf. In der tiefen Versenkung kann man, innerlich das Wesen einer Elementarkraftgruppe erkennen und durch imaginative Betätigung zur zunächst inneren, geistigen Manifestation zwingen. Der Befehl wird übertragen: Du wächst und verselbständigst Dich, Cagaster! Cagaster – und diese Namensgebung war schon ein Fehler – ist bei Paracelsus die schöpferische böse Kraft, das Gegenteil von Iliaster. In einer besonderen, astrologisch als günstig angesehenen Stunde – die Berechnungen waren, wie sich erst später herausstellte, falsch; ein wesentlicher, Pluto – Saturn – Einfluss war übersehen worden: Der zweite schwere Fehler –, in dieser Stunde also das geschaute und verstärkte Elementarwesen nach außen projiziert. Ich stieß Cagaster in einem Schöpfungsprozess ab. In einer einzigen, machtvollen Anstrengung schleuderte ich das Vorstellungsbild – das durch Od und Imagination schon ansehnlich gewachsen war – hinaus und stellte es außerhalb von mir vor mich hin. In der gleichen – verhängnisvollen – Stunde noch wurde Cagaster mit starken Odkräften aufgeladen und kosmisch-astrale Kräfte zur Verstärkung herangezogen. Mit den inneren Sinnen konnte ich meinen Hausgeist wahrnehmen; es war meine Aufgabe, ihn so weit zu verdichten, dass er auch leiblichen Augen sichtbar wurde. In tagelanger, anstrengender, fast ununterbrochener Arbeit gelang das in dem Maße, als es mir notwendig erschien. Dann erteilte ich Cagaster den ersten Auftrag: Ich ersuchte ihn um die Beschaffung eines Buches, das seit Jahren Ziel meines Interesses war. Dies war der dritte Fehler: Ich schränkte den Befehl nicht ein, etwa mit den

Worten, dabei keinen Menschen zu bestehlen oder zu erschrecken, sondern z. B. das Buch leihweise einer großen Bibliothek zu entnehmen, die es danach wieder zurückerhält. Cagaster führte den Auftrag aus, doch schon von diesem Tage an wurde er unleidlich. Er duldete nicht, dass ich mich mit etwas anderem als mit ihm beschäftigte. Ich muss bemerken, dass ich ihm nach meiner Vorstellung ein freundliches Aussehen gegeben hatte, dass sich dieses Aussehen aber gegen meinen Willen immer mehr verzerrte, zur Maske eines Dämonen wurde. Sein Aussehen, seine Handlungsweise, sein Terror, entsprachen ganz seiner Natur, die ich zwar nicht gewollt, die aber übereinstimmte mit den Konstellationen seiner „Geburtsstunde" und der Kraft, die Cagaster repräsentierte. Dazu raubte mir Cagaster täglich mehr an Odkraft, als ich zu ersetzen in der Lage war, denn mich hatte in diesen Tagen eine rätselhafte Krankheit überfallen, die der Hausarzt mit der Diagnose Kreislaufstörung signierte. Zu den begangenen Fehlern trat nun also das Verhängnis. Die Forderungen Cagasters nahmen stündlich zu und schließlich überhand. Ich hatte nur noch den einen Wunsch, mich von ihm zu befreien, selbst wenn er bereit und fähig wäre, mir alle Macht der Welt zu verschaffen – doch auch diese Gedanken las Cagaster in mir. Da erteilte ich ihm einen weiteren Auftrag, der seiner nun offen zutage getretenen Natur entsprach. Da diese schwarzmagische Handlung seine Machtfülle steigern musste, gehorchte er blind und unverzüglich. Im Augenblick seines Verschwindens aber sank ich in die Versenkung, in die Stille, was mir erfreulicherweise – und das war meine Rettung – trotz der Erkrankung gelang. Kaum hatte ich das schützende Strahlennetz um mich vibrierend gemacht, rief ich ihn von seinem Wege Kraft der Verbundenheit zwischen Erzeuger und Geschöpf zurück, bevor er noch den Auftrag ausführen konnte. Cagaster stürmte rasend vor Zorn herbei, ging in die Falle, wurde zerstört, in Atome zerrissen. Ich war frei. Ich konnte wieder arbeiten, schlafen, meinen Neigungen nachgehen, gesundete. Aber ich hatte mir auch geschworen, nie wieder mit geistigen Explosivkräften zu operieren."

6. Eine „sexual-magische" Schöpfung

Auch das Fraternitas Saturni Mitglied und rechte Hand vom Großmeister Gregorius Spießberger schreibt in seiner zusammengetragen Sammlung verschiedenster Übungen ohne eigene Erfahrung von der „Bildung von Psychogonen, Gedankenformen – Elementale – Imagospurien":

„Affektgeladene Wunschbilder schaffen Psychogone von oft geradezu dämonischem Ausmaß. Sie machen den haltlosen Träumer zum Besessenen, erniedrigen ihn zum Narren einer abstrusen Idee, zum Sklaven eines Verlangens, einer Leidenschaft, zum Gefoppten einer jeder Logik höhnenden Seelenstimmung. Der eingebildete Kranke zieht kraft eines solchen Denkens mit der Zeit die so gefürchtete Krankheit tatsächlich herbei. "

Alles andere, was er schreibt, ist mehr für „Spiritisten" als für Menschen, die sich richtig schulen wollen. Auch die Schöpfung solch eines Wesens wird bei ihm nur mit Lebenskraft gemacht. Darüber hinaus kommt er nicht.

Viel, viel interessanter wird es bei seinem Meister Gregorius. Dieser geht ein wenig mehr in die Tiefe, doch groß verraten tut er nichts, gar nichts. Er behält sein Wissen und seine Weisheit allein für sich! Bei ihm muss man schon sehr zwischen den Zeilen lesen. Damit jeder das detailliert erkennen kann, zitiere ich aus seinem „Magischen (Sexual) Brief" und mehrere Artikel aus den „Blättern für angewandte okkulte Lebenskunst". In diesen Schriften steht im Dezember 1950 unter dem Titel „Die magische Bildung von Gedankenwesen" eine interessante Anleitung, die man als eine schwarzmagische Praktik bezeichnen kann. Da der Hermetiker über alles Bescheid wissen sollte, werden sämtliche Artikel sinnvoll zusammengefügt:

Es ist ferner zu beachten, dass bei derartigen Praktiken, wo es sich um die Schöpfung eines Gedankenwesens handelt, sich stets eine ganze Menge Astralschmarotzer einfinden, so könnte man diese in größerer Anzahl sich sammelnden Elementalwesen bezeichnen, die gleichfalls dieselben Ernährungsbedingungen zu ihrem Aufbau gebrauchen. Der Magier hat sich und das Medium also stets durch den magischen Kreis zu schützen. So ist es also wichtig, dass der Magier erkennt, dass bei der Sexualmagie die Gedankenkraft das Primäre ist, die Sexualfluenzen das Sekundäre. Der Magier hat also zunächst durch regelmäßige Gedankeneinstellung, durch Pflege der ihm bekannten Willensschulung, durch die bildhafte Vorstellungsmöglichkeit, sowie durch magische Meditation sich durchaus mentale Willenskräfte zu verschaffen. Er muss über hohe Imaginationsfähigkeiten verfügen! Derartige Experimente können vom Magus allein ausgeführt werden, lassen sich aber auch durch Verwendung von Medien mannigfaltig variieren. Bei der praktischen Ausführung wird vorausgesetzt, dass der Magus mit der Hypnose, dem körperlichen Magentismus, der Odlehre, der Telepathie und der magischen Symbolik vertraut ist und damit praktizieren kann. (siehe „Adept" – Der Autor). Es ist ferner sehr wichtig, dass der Magier stets einzelne Glyphen – (nur geladene Symbole haben Wirkung bzw. ein magischer Dolch) – zur Hand hat, die in ihrer kosmischen Wirksamkeit so groß sind, dass er nach vollzogener Praxis sämtliche sich im Raum befindlichen angesammelten Astralschemen vernichten kann. Ihn selbst schützt ja das magische Ritual, die magische Kleidung, das Pentagramm auf der Stirn und sein Talisman.

Es muss hier immer wieder Unberufenen eine Warnung gegeben werden, sich ohne ernste, **jahrelange Schulung** auf derartige Praktiken einzulassen, die sonst immer zu organischen Schädigungen und ernsten Erkrankungen führen können, und außerdem durch falsche Einstellung durchaus als schwarzmagisch zu bezeichnen sind. Er benutzt nur die ihm zur Verfügung stehenden lunaren (magnetischen) Kräfte der Medien, um die Marseinflüsse (elektrischen) schneller zu überwinden. Für einen Priester-Magier ist es selbstverständlich, dass er selbst persönlich nicht mehr lunar beeinflussbar ist, also der Machtsphäre des Mondes und damit des Weibes nicht mehr seelisch oder körperlich unterliegt. Damit wird eine Beherrschung des Sexualtriebes angedeutet. Ich betone hier nochmals ausdrücklich, dass es hier im Rahmen dieser Ausführung nicht möglich ist, die tatsächlichen eingehenden Praktiken des Priester-Magiers wiederzugeben, die so umfangreich sind, dass sie allein noch Hunderte von Seiten füllen würden, außerdem liegt die Erlaubnis des hohen Ordens – damit ist die FOGC gemeint – dazu nicht vor. Aber schon das hier Gegebene gibt dem Schüler genug Anregung, um weiterzuarbeiten. Außerdem wird der Suchende immer die mentalen Quellen finden, wo er seine geistige Nahrung weiter erhalten kann.

Wichtig ist auch, dass die gesamte sexual-magische Praxis nach Sonnenuntergang vorgenommen werden muss, und zwar in den günstigsten Venus- und Mondstunden. Auch das dementsprechende Tattwa muss berücksichtigt werden. Es ist also genaue astrologische Kenntnis und Wissen des Magiers unerlässlich.

Der Magier muss ferner dafür sorgen, dass nach der Praxis der magnetische Tiefschlafzustand des Mediums in einen ruhigen Schlaf übergeht, der mehrere Stunden andauern soll. Am nächsten Tage hat er außerdem das Medium durch eine starke magnetische Odeinstrahlung für den Odverlust zu kräftigen. Das Medium ist ja sein kostbarstes Instrument, sein Gefäß, sein Mittler, und er muss es hüten und pflegen, vor allem den Gesundheitszustand kontrollieren. Die echte Praxis stellt die Forderung auf, dass alle Symbole, Siegel, Glyphen, Anrufungen, wenn nicht auf echtem Metall, so doch auf (Jungfern)Pergament geschrieben sind. Für leichtere magische Praktiken genügt, wenn verschiedene Holzarten vorhanden sind, ebenso dürfen keine Imitationen von Edelsteinen verwendet werden, da ja besonders die Edelsteine konzentrierte kosmische Strahlungskomplexe darstellen.

Ergänzend sei noch gesagt, dass die Nacht vom Montag zum Dienstag, da sie Mond- und Marscharakter trägt, günstig ist, ebenso die Nacht von Freitag zum Sonnabend, in welcher die venusischen Strahlungen mit Saturn zusammentreffen. Auch besonders günstige Tage seien hiermit angegeben. Der Johannistag und die Nacht gelten von Alters her als Liebeszaubertage. Bäume und Kräuter stehen in Saft und Blüte. Auch die Andreasnacht ist eine Nacht, in welcher die astralen Kräfte frei sind für Magie, ebenso die Zeit um die Wintersonnenwende. Auch der Silvester- und der Dreikönigstag gehören zu den alten zwölf heiligen Rauschnächten. Fastnacht, Walpurgisnacht und Himmelfahrt sind gleichermaßen wichtig. Die Vollmondnächte sind für die Magie sehr vorteilhaft.

Für denjenigen Schüler, der allen Anforderungen der magischen Schulung vollständig genügt, sei hiermit eine einfache magische Praxis gegeben, die zu den Sexualpraktiken gehört, obgleich sie nur leichterer Art ist und nur der Erzeugung eines unbeseelten magischen Wesens dient. Von vornherein muss der Schüler streng darauf achten, dass derartige Wesen, die von ihm mental erzeugt werden, auf jeden Fall wieder zerstört werden müssen, damit sie sich nicht durch Vampirismus selbsttätig am Leben erhalten und dadurch dem Medium, ihm selbst und auch anderen Menschen Schaden zufügen können. Die kurzen Angaben, die hier gegeben werden, genügen, da der Schüler ja durch das vorhergehende Studium genau eingeweiht ist. Nun zur Praxis:

Ziehe unter den üblichen Vorsichtsmaßregeln und geistiger Einstellung (Gottverbundenheit!) der Abwehr einen magischen Kreis mit geweihter (=geladener) Kreide, den Du mit einem Pentagramm abschließt. Das Rezept, welches die Anweisung gibt, durch magisch erzeugte Phantome und Gedankenwesen Menschen systematisch zu beeinflussen, wird später gegeben. Diesen Kreis darfst Du dann vorerst nicht wieder verlassen und somit müssen also sämtliche Gebrauchsgegenstände und auch das Medium sich innerhalb des Kreises befinden. Dann schütze den Kreis außerdem noch durch vier weitere Pentagramme nach allen Himmelsrichtungen. Das Medium lege in eine bequeme Ruhelage, mit dem Kopf nach Süden, also entgegengesetzt dem magnetischen Erdmeridian. Du wirst begreifen, dass diese Lage das Medium besonders geeignet und viel empfänglicher macht. Das Medium muss entkleidet sein und sich in völlig gesundem, harmonischem Zustand befinden. Sorge außerdem für sehr hohe Zimmertemperatur. Du selbst schützest dich durch Stirnpentagramm und schwarzen Seidenmantel und trägst auf der Brust Deine kosmische Glyphe, welche Du Dir nach den magischen Zahlenquadraten selbst errechnet haben musst. Nachdem Du die Räucherungen vorgenommen hast, sei es mit Haschisch oder einem ähnlichen narkotischen Pulver (?), bringe das Medium in den Dir gelehrten magnetischen Bannzustand und schließe das Lager des Mediums durch einen besonderen neuen magischen Kreis ab. Du nimmst dann im persischen Sitz an der rechten Seite des Mediums Platz und bringst Dich durch die Atemübungen in denjenigen Trancezustand, der in Dir die mentale Schwingung frei macht. Ob Du dazu die Vokalatemübungen brauchst oder eine andere Dir geläufige Methode, ist gleichgültig, nur musst Du sämtliche Schwingungszentren in Dir in Bewegung bringen. Vor Deinem Sitz ziehe nunmehr einen neuen kleineren Kreis, in dessen Mitte Du 7 Tropfen Weingeist oder reinen Spiritus (Kondensator) verschüttest. Nun hole durch Deine magische Kraft Dir in der Vorstellungsdenkweise ein Phantomwesen aus der Mentalebene herunter, welches Du am besten durch die Ü-Atmung mit Astralmaterie umhüllst und durch unterstützende Handbewegung über den erwähnten kleineren Kreis führst und formst.

Dieses so gedanklich entstandene Wesen wird nun von Dir mit Astralkräften gesättigt, welche Du dem Od- oder Astralkörper des Mediums entnimmst, indem Du mit magnetischen Strichen, die Dir ja geläufig sind, aus dem Solarplexus des Mediums, der Herzgegend, den Geschlechtsteilen dieses Od entnimmst und dem vorher gebildeten Kreis zuführst, gleichsam die Gedankenform damit sättigst und ihr die Form gibst. Besonders stark muss die Od-Entziehung aus der Milz des Mediums erfolgen, denn die Milz ist der Sitz des Reperkussionsbandes, welches den Astralkörper des Menschen mit dem physischen Körper verbindet. Mit der linken, magnetischen zieht Du die Kräfte ab, mit der rechten, elektrischen Hand strahlst Du sie aus. Das Medium unterstützt den Zauberer gedanklich durch Konzentration. Du kannst bei diesen Handlungen, die lautlos erfolgen können unter stärkster Vorstellungskraft, jedoch auch dem Zweck entsprechende Formeln aussprechen. Ist dieses geschehen, so wecke das Medium aus dem bann-magnetischen Schlaf, richte es auf und ziehe es auf Deinen Schoß, um mit ihm die Vereinigung vorzunehmen.

Denn für schöpferische magische Erzeugung von Phantomen und anderen Astralwesen ist nur das Sperma geeignet, welches verbunden mit geladenem Vaginalschleim die Vagina nach dem Geschlechtsverkehr wieder verlässt, wo also die geistige Verbindung der lunaren – magnetischen – und solaren – elektrischen – Fluidalkräfte stattfand. Für die sexual-magische Schaffung eines Homunkulus braucht man elektrische und magnetische Kräfte, damit man eine Ursache besser setzen kann. Aus diesem Grund ist die Frau für diese Art unentbehrlich. Die Ausstrahlung der sexuellen Drüsensekrete ist ungeheuer stark. Beide Partner müssen am gleichen Ziel arbeiten. Sie sitzen im Kreis, das Medium auf dem Magier. Beide müssen beim Höhepunkt konzentrativ imaginieren und somit ein Wesen schöpfen. Der Orgasmus gibt die erforderlichen Odkräfte dazu. Sind die beiden Säfte verströmt, müssen ihre Sekrete gemeinsam aus der Vagina auf das Pergament tropfen. Ist die Frau zu Beginn oder am Ende in ihrer monatlichen Reinigung, so verstärkt das Blut die magische Operation.

Achte darauf, dass das Sperma, welches nach dem Akt die Vagina verlässt, sich mit dem Kondensator vermischt. Also vollzieht sich die mystische Vereinigung innerhalb des gebildeten Gedankenwesens. Nachdem Du das Medium wieder die Ruhelage hast einnehmen lassen, stellst Du zunächst durch Pendelschwingungen fest, ob und wie sich das Mentalwesen gebildet hat und bindest es nunmehr an ein Stück Pergament, welches Du vorher mit einem bestimmten kabbalistischen Namen, einer Zahlenreihe oder auch einem entsprechenden Symbol versehen hast.

Der Magus kann auf echtem Pergament mit seinem eigenen Blut und dem des Mediums (evtl. auch Menstrualblut) eine von ihm selbst konstruierte Symbolfigur, die er nach den Gesetzen der anziehenden magischen Symbole zusammengestellt hat, zeichnen. Er soll dazu aber keine Sigille aus den magischen Quadraten verwenden, sondern nur Ur-Symbole, um von vornherein keine Astralwesen anzuziehen.

Tränke das Pergament mit dem Weingeist und dem Sperma und menge dazu drei Blutstropfen Deines linken Saturnfingers, dann trockne das Pergament über dem Räuchergefäß und die Zeremonie ist damit beendet. Es ist gut, wenn Du, ehe Du den Kreis verlässt, was niemals rückwärts geschehen darf und stets an der Stelle des Schluss-Pentagramms erfolgen muss, die Ablösungsformeln nach allen 4 Himmelsrichtungen aussprichst, denn es ist durchaus möglich, dass von dieser Magie nicht nur Elementalwesen niederer Art, sondern auch Astraldämonen höherer Art angezogen worden sind. Magnetisiere dann das Medium, indem Du ihm wieder genügend Odkraft zuführst und sorge für einige Stunden ruhigen Schlafes. Das Zimmer selbst räuchere dann sorgfältig aus, und zwar mit Weihrauch. Du kannst nun unabhängig von diesem obigen Experiment fest-stellen, dass dieses von Dir geschaffene magische Wesen, welches mit dem Pergament verbunden ist, sich überall dort feststellen lässt, wohin Du das Pergament legst und aufbewahrst, und zwar wirst Du finden, dass dieselben Schwingungen und Pendelkurven, welche das

Phantom zuerst zeigte, regelmäßig immer wiederkehren. Es ist gut, wenn Du während der nächsten Tage das Pergament in einen stillen Winkel des Zimmers legst und ihm durch einfache Od-Einstrahlung, welche auch das Medium vornehmen kann, neue Odkraft zuführst.

Experimentell lassen sich solche Gedankenwesen Wochen und Monate lang am Leben erhalten. Nachdem Du Dich ebenso von der Wirksamkeit und dem Gelingen des Experimentes überzeugt hast, versuchst Du in einer Saturnstunde in der Nacht vom Freitag zum Sonnabend das Wesen derart zu vernichten, indem Du z. B. Deine kosmische Glyphe eine Weile über das Pergament hältst und Du wirst sehen, dass, wenn dieselbe richtig geladen ist, das Pendel Dir keine Schwingungen mehr anzeigt, das Phantom also vernichtet ist. Das Pergament selbst verbrenne im Holzkohlenfeuer unter intensivster Nutzung von Weihrauch. Es ist wohl ersichtlich, dass dieses Experiment nur von in der Magie erfahrenen, fortgeschrittenen Schülern gemacht werden darf.

Der Magier ist der Schöpfer und Gestalter zugleich, da er wie ein Künstler sein eigenes Werk bildet und formt! Das Gedankenwesen ist ein Willensprodukt des Magiers und enthält alle diejenigen Eigenschaften, die der Magier gedanklich in es hinein transformiert; es erfüllt alle Funktionen der Richtung gebenden Denkkraft des Magiers; es ist ausführendes Werkzeug seines Willens und seiner Vorstellungskraft. Es kommt einzig und allein auf die Suggestionen an, die dem Gedankenwesen gegeben werden. Mit ihnen kann man Disharmonien beseitigen oder bilden, im Schlaf jemanden beeinflussen, ohne dass diese Person es spürt. Andere Personen spüren diese Wesen, wenn sie sich mit ihnen in einem Raum befinden, werden nervös. Auch Wächterämter wurden eingerichtet, sodass gewisse Handlungen unterbunden wurden.

7. Einige interessante Berichte

Als ich den alten Film über die griechischen Sage „Jason und die Argonauten" sah, wunderte ich mich über die eigenartige Symbolik. Ich verstand überhaupt nicht, dass der Wächter Talos die Eindringlinge von der Insel Kreta verjagen oder töten wollte. Zeus höchst persönlich hatte den Mann aus Erz erschaffen, der von Kopf bis zur Ferse nur eine einzige Ader hatte, die am Fuß durch einen bronzenen Nagel verschlossen war. Medeia jedoch bannte den Koloss durch Zauberformeln, sodass sie den Nagel entfernen konnte und das gesamte Götterblut floss wie ein Strom flüssiges Blei aus der Wunde. Seine Kraft schwand und er starb.

Als ich länger darüber nachdachte, wurde mir bewusst, dass es sich hierbei um ein Elementar handelte, dass der Gott Zeus – Magier – erschuf, indem er eine Ader mit dem Götterblut – Kondensator – auffüllte und lud, so wie es im „Adepten" steht. Sobald jedoch das geladene Blut verloren ging, ging damit sein Leben unter. Nicht nur das ist eine symbolische Form der Weitergabe bzw. Einweihung, sondern derartige Dinge findet man an jeder Stelle der griechischen Sagen!

Leadbeater ist der einzige, der wie Bardon schreibt, dass Poltergeister oder „Weiße Frauen" von erschaffenen Schemen herrühren. Er belegt das mit einem interessanten Bericht, wo ein edler Ritter seinen Sohn mit in den Krieg nahm, damit er sich im Kampf die Sporen verdienen konnte. Doch er, noch in der Blüte seiner Jugend, fiel im Kampf und dies konnte sein Vater nicht verkraften. Tief ergriffen vom tragischen Unglück, ging er ins Kloster mit dem Gedanken, dass so ein unerwarteter Tod niemehr einem seiner Familie widerfahren sollte. Er widmete sich tagtäglich im inbrünstigen Gebet dem innigsten Wunschgedanken, dass dieser

Wunsch in Erfüllung gehen möge. Da er dies jahrelang betrieb, erschuf er dadurch ein mächtiges Elemental, die „Weiße Frau", welche jeden Tod durch fremdländische Musik oder auch Gepolter andeutet.

Im Siegerland in Deutschland bestehen sogar noch „Neidköpfe", die die Funktion von Wächter- und Beschützer-Elementaren einnehmen. Sie stehen unter Denkmalschutz. Manche Köpfe haben fratzenhaftes Aussehen oder wurden mit Schreckfarben bemalt. Beim Bearbeiten muss sich der Künstler richtig hineinversetzen, d. h. durch forciertes Bearbeiten die Idee in die Figur imaginieren. Erst dann werden sie zu „Imagospurius"!

Franz Bardon schreibt im Kapitel über die „Larven", dass es manchmal sogar vorkommen kann, dass sich solche Wesen „so verdichten, dass sie direkt körperliche Formen annehmen" steht im ersten Werk des Meister Arion auf Seite 160 im Kapitel über die Eros-Schemen. Dass dem wirklich so ist, belegt die Geschichte „Der Tanz der Toten" im Buch „Exorial". Dort gebar eine Hafendirne ein Kind, in dem sich ihr Dämon der Leidenschaft verkörperte, um ihr nahe zu sein. Er hatte schreckliches Aussehen, wie ein verwachsener Kobold, der sie immer wieder an ihr Laster erinnerte!

Selbst im Land der Religion, in Tibet, kursieren Geschichten von der Schöpfung sogenannter „Tulpas", die gleichzusetzen sind mit den Gedankenwesen. Ein Maler vertiefte sich einmal so in seine Arbeit, dass er eine gemalte Gottheit schon so verdichtete, dass sie körperlich wahrgenommen werden konnte. David-Neel sah sie hinter dem Maler als Gespenst. Auch gibt es Praktiken, die einen Lama schützen sollen, indem er seinen „Yidam" an seiner statt voraus-schickt, damit ihm selbst bei Gefahr nichts zustoßen kann. Die Tibetexpertin schreibt weiter, dass es manchmal zu Kämpfen zwischen Schöpfer und Geschöpf kommen kann oder dass die Schemen nicht mehr zurückkommen. Sie beginnen ein Eigenleben.

Da David-Neel stets sehr ungläubig war und solche Geschichten zu recht mehr der übertriebenen Fantasie der Tibeter zuschrieb, nahm sie es selber in die Hand und erzeugte imaginativ ein Elementar. Sie nahm dazu das Bild eines dicken, untersetzten Lamas. Nach ein paar Monaten war er fertig. Er begleitete sie überall hin, kam auch mittlerweile ohne dass sie ihn gedanklich rief. Entweder sah sie ihn oder sie spürte wie der Stoff seines Gewandes an ihr streifte. Auch fühlte sie eine Hand an der Schulter. Da ihr der „Kerl" schon auf die Nerven ging, es war ihr alles wie ein Alptraum, begann sie mit seiner Auflösung, wofür sie sechs Monate brauchte. Eine nicht gerade „magische Zeitspanne"!

Dass es Succubi und Incubi gibt, ist ein alter Hut und dass sich solche Wesen nur bei dem bilden, der die Leidenschaften hat, ist auch bekannt. Diese Wesen senden dann die Gedanken aus, die wie angeflogen kommen und der Betroffene weiß nicht woher. In Indien werden sie „Mohinis" und „Pisachas" genannt. Paracelsus nennt sie Fantasmen, Drachen oder Monster und trifft damit den Nagel auf dem Kopf, denn ihr Aussehen ist fürchterlich.

In G. lebte eine Frau, welche sich leidenschaftlich in einen jungen Mann verliebte. Der junge Mann aber war ein Säufer. Sie schämte sich für ihn, was aber ihren sexuellen Begierde für den Geliebten keinen Abbruch tat. Sie heiratete dennoch einen anderen was die Eitelkeit des jungen Mannes verletzte. Er erschoss sich und bald darauf bekam sie des Nachts Besuch von einem Incubi, der mit ihr sexuellen Umgang pflegte, d. h. sie bekam nächtliche Pollutionen bzw. Orgasmen. Dies zerrüttete ihre Nerven und ihr Ehemann begann ärztlichen Rat einzuholen und es kam durch moralische Stärkung zu einer Besserung. Jedoch die Frau wurde nicht von dem Geist des Toten heimgesucht, sondern die leidenschaftliche Liebe zu dem Selbstmörder bekam durch die Tat einen selbst erschaffenen Geist, welcher sich bei ihr betätigen konnte.

Viele Damen, die den Spiritismus fröhnen, glauben mit dem gerufenen Geist verheiratet zu sein. In Wahrheit haben sie bloß sexuellen Verkehr mit einem vampirisierenden Eros-Schemen.

8. Der Alraun

Einen äußerst interessanten Aufsatz habe ich in dem Zentralblatt für Okkultismus unter dem Titel „Der Alraun" von Bey Ley gefunden, den man durchaus mit den Gedankenwesen in Verbindung bringen kann. Die richtige Deutung überlasse ich dem Leser, denn in jeder Sage verbirgt sich ein wahrer Kern:

„Da, wo der Todesschweiß des Gehenkten oder das Blut des Enthaupteten zu Boden spritzt, erwächst der Alraun, ein Gebilde des entfliehenden Menschenlebens und der Erde. Dämonische Eigenschaften sind es daher, die ihm gegeben sind, diejenigen am Verbrecherleben und trügerisch ist das Alraunenglück. Alraunenkinder aber sind Wechselbälge oder wegen ihrer Wildheit zu Unfällen geneigt; sie verunglücken bald und brechen sich das Genick.

Hanns Heinz Ewers hat die Alraunsage sehr geschickt zu einem Romane verflochten, in welchem der Vater Noisier und die Mutter von der Straße (eine Dirne, welche durch den Noisiers Todesschweiß entstandenen Alraun künstlich befruchtet wird) des Mädchens Alraune Eltern sind, die nun, als menschliches Wesen aus einem Menschenleibe entsprossen, einen wahren Siegeszug des Unglücks gegenüber all denjenigen antritt, die mit ihr in Berührung kommen: Schon die Geburt Alraunes bringt der Mutter den Tod. Der Schriftsteller hat das ganze in die Form eines wissenschaftlichen Experiment gekleidet. Das Buch, welches im Film leider arg verkitscht worden ist, verdient mehr gelesen zu werden, als es bis heute geschieht.

Wenden wir uns indessen der Jetztzeit ab und der mittelalterlichen Form der Alraunensage wieder zu. Der Verfasser verdankt seine diesbezüglichen Kenntnisse einem uralten Buche, und es war die Gelegenheit, wie er dazu kam, sonderbar genug. Es war eine eiskalte Wintersnacht und zu beiden Seiten der Straße türmten sich Schneemauern, als wir den Roten Berg bei Frankenberg (Sachsen) hinauffuhren. Die Fichtenbäume warfen im Mondlicht nachtdunkle Schatten, in ihren Ästen kauerte die Angst und zwischen den Stämmen hockte das Grauen. Es war so recht eine Nacht für unheimliche Geschichten und Großvater pflegte damit selten zu sparen. Rechts von der Straße dehnte sich hinter dem Walde ein weites Feld. Dieses war mal der Schauplatz einer Hinrichtung gewesen. Eine Giftmischerin mit ihrem Galan, welche den Ehemann ermordet hatten, wurden dort vom Leben durch das Schwert zum Tode gebracht. Viel Volks war damals von weither zusammengeströmt, hatte das Blut der Gerichteten teilweise in Fläschchen auffangen lassen und als Sympathiemittel nach Hause genommen. Ein Teil davon war auf die Erde gespritzt und Großvater meinte: „Die Einnahme des Henkers war fett, ich selbst habe damals 13 Taler bezahlt."

„Für was denn, Großvater?" fragte ich.

„Für den schwarzen Hund des Henkers, für den Strick, mit welchem die Hände der Gerichteten gefesselt waren und für die Beihilfe des Henkers, um den Alraun zu graben. Oben auf dem Boden in der buntbemalten Truhe findest du ein uraltes Buch. Du kannst darin nachlesen, wie der Alraun gegraben und behandelt werden muss, seine Künste zu zeigen, falls du vergessen solltest, was ich jetzt sage. Auch den Alraun selbst findest du   dort."

Der Knabe hat nichts vergessen, der Jüngling hat das Buch und den Alraun gefunden, als junger Mann hat er beides verbrannt, als er die Wirkung des Alraunenglücks sah. Beinahe schon an der Schwelle des Greisenalters aber schreibt er nieder, was er erfuhr.

In der Mitternacht, wenn der Vollmond sich gerade anschickt, abzunehmen, wird an der Stelle gegraben, wo das Alraunenkraut *steht. Erstaunlich schnell soll es in die Höhe sprießen, selbst das Getier flieht davon entsetzt und nur die Kröte und der Salamander meiden es nicht. Die Erde aus der Grube muss nach allen vier Winden geworfen werden und sobald die Wurzel völlig freigelegt worden ist, wirft man eine Schlinge aus dem Strick des Gerichteten um ihren Hals und befestigt das andere Strickende am Halsband des schwarzen Hundes. Man wartet nun bis eine Wolke den Mond bedeckt, gibt als dann dem Hunde einen Schlag, sodass dieser den Strick anzieht und den Alraun aus der Erde reißt, bedeckt die Wurzel sofort mit einem Tuch, denn kein Mondstrahl soll sie mehr treffen, sobald sie der Erde entnommen ist. Auch soll man sie nicht mit den Händen aus der Erde reißen, da sonst der Alraun schreit und sein Räuber selbst Gefahr läuft, einst gerichtet zu werden. Zu Hause angekommen, wird der schwarze Hund geschlachtet, alle Bestandteile von ihm werden verbrannt, die Wurzel selbst aber bis zum Frühmorgen in einer versteckten Schüssel in das noch rauchende Blut des Hundes gelegt. Noch ehe die Sonne aufgegangen ist, wird sie daraus entfernt und in Wein gewaschen, das Blut selbst wird verbrannt. Man schüttet es zu diesem Zweck in einen Backofen. Alles hat in der Nacht zu geschehen. Man zieht nun der Wurzel ein Kleidchen an und wickelt sie in ein neues Tuch oder hängt sie an einem dunklen Ort auf, zumindest an einem solchen mit gedämpften Licht. Tageslicht darf die Wurzel bei diesen Zeremonien nicht treffen, man nimmt sie daher gegebenenfalls im Keller vor oder, falls der Weg bis zur Richtstätte zu weit gewesen sein sollte, hält man die Wurzel den Tag über bedeckt und wartet den nächsten Abend ab. Am sichersten aber ist die Nacht.*

Der Alraun hat nur teilweise das Fluidal des Gerichteten in sich aufgenommen, ist also der Sage nach ein Lebewesen. Da er aber, vom Bösen stammend, nur Böses wirken würde, badet man ihn im Blute eines Hundes, wodurch er dessen Fluidalteile, die Anhänglichkeit und Treue an seinen Herrn annimmt. Weil aber dieses Hundefluid, als der nachträglich aufgepfropfte Teil, sich mit der Zeit wieder verflüchtigt, so wird aus dem wundertätigen Hausgeist ein Kobold und böser Dämon, der das wieder nimmt, was er gegeben hat, weshalb man gut tut, den Alraun nach einiger Zeit unter das Hochgericht zurückzutragen und dort wieder zu vergraben. Er schreckt dann allnächtlich diejenigen, welche daselbst verweilen, narrt sie auf und bringt ihnen Unglück. Erscheint auch als schwarzer Hund, später als Spukgeist.

Man kann ihn aber auch verbrennen, doch soll dies im offenen Feuer auf freiem Felde geschehen und irgendein Tier, entweder ein Rabe, eine Katze, eine Elster oder ein schwarzer Hahn oder Hund, nahe der Feuerstatt angebunden werden, denn sonst riskiert man, dass jenes Alraunenfluidal in einen Menschen fährt und diesen besessen macht. Diese Tiere jagt man später davon. Nimmt man eine schwarze Henne dazu, so kräht diese wie ein Hahn, hackt dem Kücken das Schädeldach ein und legt Eier mit blutroten Dotter. „Womit man" wie der Gemütsmensch von Buchschreiber erläuternd hinzusetzt, „seinem Nachbaren einen argen Schabernak spielen kann, wenn man sich dessen Henne bedient, zumal jedwedes Weib jedem Manne zu Willen sein muss, das solches Eidotter gegessen hat und ist davon mancher zum Hahnrei geworden."

Also stand es zu lesen. Indessen hat man, je mehr das Hundefluid entflieht, in den Alraun einen rechten Dämon auf dem Halse. Er schreckt das Vieh, klettert des Nachts auf das Hausdach und treibt allerhand Spuk. Das Geld rollt unter den Händen fort, ja, er zündet sogar das Hausdach an, ruft den Geliebten heimlich herbei, sobald die Wurzel gebadet wird. Er hat alle hündische Anhänglichkeit verloren und manches Mädchen verdankt ihren Hexentod auf dem Scheiterhaufen der Alraunenverräterei. Man soll daher ein Kreuz bauen, den Alraun unter Anrufung aller Heiligen daran nageln und in der Sonne ausdörren lassen, sich aber wohl hüten, dass nicht ein Gewitter heraufzieht und man nicht vom Blitze getroffen und der Sprache beraubt und gelähmt wird. Ist er aber vollends ausgedörrt, so lege man ihn in eine Schachtel, die auf dem Deckel ein Kreuz und ein Marienbild trägt. Doch soll man sich in acht nehmen, dass der Alraun feucht werden und wieder quellen kann. Auch ausgedörrt bringt er noch allerhand Ungemach, doch ist dieses ertragbar. Kommen aber Kinder darüber, welche den Deckel abnehmen und mit der Puppe spielen und sie vielleicht waschen, so bricht das Unglück herein wie Hagel und Donnerschlag.

Es scheint schwer zu sein, sich dieses Lieblinges der schwarzen Magie unbeschadet wieder zu entledigen. Der Mären sind unzählige. Die von dem Unglück erzählen, welches ein Alraun noch nach Jahrhunderten heraufbeschworen hat."

Die Alraunensage kam daher, dass der Mensch ursprünglich auf Erden in Gestalt von monströser Alrauenwurzeln – Lemurianer – erschienen sein soll, der nach langer Zeit durch den göttlichen Odem zum jetzigen Menschen umgewandelt wurde. Im Mittelalter wollten dann gewisse Zauberer mit Hilfe dieser Wurzel und einen in sie hineingebannten Schemen die Zukunft und andere Dinge vorhersagen.

Im Film „Sindbad's gefährliche Abenteuer" wird wunderbar veranschaulicht wie der Schwarzmagier einen Homunkulus erzeugt, indem er eine Alraunenwurzel mit einer chemischen Flüssigkeit tränkt und einige Tropfen seines eigenen Blutes dazu gibt. Im Hintergrund sieht man ein Bild seies Dämonengottes „Baphomet"! Im Film wird gesagt, dass diese Wesen die verlängerten Augen und Ohren des Zauberers sind, mit denen er alles ausspionieren kann, was er will. Jedoch hat alles seinen Preis – der Zauberer zahlt für alles mit seiner Lebenskraft!

Solche Filme sind manchmal okkulte Fundgruben . . .

Quellenangaben:

M.Moecke – Auch du kannst Hellsehen Band 1und 2
M.Moecke – Wie ich Hellseher wurde
H.Jürgens – Bewusstes Hellsehen
H.Dreyer – Die Praxis der Spiegelmagie
Leadbeater – Hellsehen
Spießberger – Magische Einweihung
Spießberger – Magische Praxis
P.Loose – Hellsehen
Para Maya – Die Macht der Spiegel
Brandler-Pracht – Lehrgang zur Entwicklung der okkulten Kräfte
Balzli – Okkulte Unterrichtsbriefe
Quintscher – Archive geheimer Wissenschaften
Rouhier – Die Hellsehen hervorrufenden Pflanzen
Bardon – Der Weg zum wahren Adepten
Fr. Daniel – Zaubertränke, Philter...
Karger-Decker – Gifte, Hexensalben, Liebestränke
Malizia – Liebestränke und Zaubersalbe
Regardie – Golden Dawn 1-3
Crowley – Haschisch und Kokain
E.Levi – Dogma und Ritual
Leadbeater – Gedankenformen
Leadbeater – Der innere und äußere Mensch
Leadbeater – Okkulte Chemie
Steiner – Wie erlangt man Erkenntnisse der höheren Welten
Douval – Bücher der praktischen Magie
David-Neel -Heilige und Hexer
Dion Fortune – Selbstverteidigung mit Psi
Quintscher – Habu Cadis
Goethe – Faust Teil 2
Leadbeater – Gedankenformen
Leadbeater – Astralebene

Crowley – Moonchild
Crowley – Magick
Gregorius – Exorial
Gregorius – Magische Briefe
Held – Das Gespenst des Golem
Stoll – Sagen des klassischen Altertums   2 Bände
Littmann - Märchen aus 1000 und einer Nacht   6 Bände
Hartmann – Seelenbräute und Vampirismus
Philalethes – Incubi und Succubi
Dr.Klingsor - Experimentalmagie
Paracelsus – Gesammelte Werke

Zeitschriften:

Weiße Fahne
Zentralblatt für Okkultismus
Blätter für angewandte okkulte Lebenskunst
Prana
Oriflamme

Das goldene Blatt der Weisheit
Seila Orienta/Franz Bardon

Zum ersten Mal in der okkulten Literatur wird die 4. Tarotkarte des Hermes Trismegistos verständlich beschrieben und offengelegt. Sie beinhaltet unbekannte Konzentrations- und Meditationsübungen. Des Weiteren gibt sie Hinweise und erklärt die Unterschiede zwischen Magie und Mystik und Gefahren des einseitigen Weges. Am Ende steht die Verbindung mit der universellen Gottheit, dem Herrn der Sonnensphäre, welcher quabbalistisch „Metatron" genannt wird.

*

5. Tarotkarte – Mysterien des Steins der Weisen
Seila Orienta/Franz Bardon

Dieses Buch stellt die Vorderseite der Alchemie dar, die die einzelnen praktischen Übungsschritte erklärt, ohne die verschlüsselten Mystifikationen der alten Alchemisten auch nur annähernd zu erwähnen, wie man es aus den anderen Büchern des Franz Bardon kennt. Es wird erklärt, dass ohne vollkommene Beherrschung der 4 Elemente keine Alchemie möglich ist. Des Weiteren wird mit den einzelnen Ebenen, mit den Matrizen, dem elektromagnetischen Fluid usw. gearbeitet. Doch der Hauptpunkt stellen die göttlichen Eigenschaften wie z. B. die Allmacht dar, mit denen der Göttliche Stein der Weisen durch gewisse Übungen geladen wird.

*

Talismanologie und Mantramkunde
Seila Orienta/Franz Bardon

Zum ersten Mal werden hier (magisch) geladene Mantrams – Gebetssätze – preisgegeben, welche bei nötiger Reife, Ausgeglichenheit und Reinheit durchdringende Erfolge versprechen. Mantrams sind ja nach Bardon nicht irgendwelche „Suggestionssätze", sondern sie sind Ideenausdrücke, mit denen man mit Mächten, Kräften, Eigenschaften, also Gottheiten, in Verbindung kommen kann. Gleichzeitig werden die dazugehörigen Siegelzeichen der göttlichen Ideen preisgegeben, welche im rituellen

Zusammenhang mit den Mantrams stehen. Ein Buch, dass nicht nur die Hermetiker, sondern auch die Anhänger der Yogawissenschaften inspirieren wird!

*

Eine Sammlung der schönsten und lehrreichsten Beschwörungsgeschichten
Hohenstätten

Dieses Buch ist einzigartig, denn es zeigt den zweiten Band von Franz Bardon an Hand von interessanten Evokationsberichten, die genau das bestätigen, was Bardon in seinem Buch geschrieben hat, und noch darüber hinaus. Es werden sensationelle Erlebnisse geschildert, die man sonst niemals findet. Auch aus unveröffentlichten Schriften wird zitiert.

*

Verkörperungen des Meister Arion
Hohenstätten

Man wird beim Lesen dieses Buches nicht glauben, wie viele bekannte und unbekannte Inkarnationen Franz Bardon hatte. Die paar, die im „Frabato" bekannt gegeben wurden, stellen nur einen geringen Teil seiner Verkörperungen dar. Wir mussten, da es dermaßen wenig Literatur über die Verkörperungen gab, wieder hunderte und aberhunderte von Büchern, Aufsätzen, Zeitschriften und Artikeln durcharbeiten, bis wir genügend Material für dieses Buch hatten. Aber der Leser wird sich beim Lesen sicherlich über unsere Arbeit freuen, denn sie wird ihn in Erstaunen versetzen!

*

Shamballa, der goldene Tempel des Lichts
Hohenstätten

Dieser Tempel dürfte jeden Leser von Bardons Roman „Frabato" fasziniert haben. Dass es aber in der okkulten Literatur noch viel mehr Informationen darüber gibt, die man aber nur findet, wenn man alles Veröffentlichte gelesen hat, dürfte dem einen oder anderen unbekannt sein. Es wurden wieder ganze Stöße von Büchern durchgesehen und das Ergebnis wird hier veröffentlicht. Es wird aber gleichzeitig darauf hingewiesen, wie viel Schundliteratur es darüber gibt, wie viel Lügen im Umlauf sind, damit sich der Schüler der Hermetik ein klares Bild machen kann. Wir bringen in diesem Buch alles, was wir an Material darüber gefunden haben und es wird auch noch einiges aus der eigenen Erfahrung, was das Wertvollste ist, mitgeteilt. Nicht nur über den Tempel wird berichtet, sondern auch über die damit verbundene „Bruderschaft des Lichts", dessen Sitz er darstellt.

*

Auf der Suche nach Meister Arion
Hohenstätten

Diese Autobiographie eines Schüler der Hermetik des Franz Bardon schildert sein magisches Leben, in welcher zahlreiche Erfahrungen zu den Übungen aus dem Adepten geschildert werden, die die Hauptperson selbst erlebt hat. Es wird der schwere Weg des Adepten aus autobiographischer Sicht gezeigt, seine vielen Tiefschläge, aber auch seine glanzvollen Seiten und Zeiten. Der harte Kampf mit dem Seelenspiegel wird bis in alle Einzelheiten aufgezeigt, genauso wie die vielen anderen Wege, in welche der Autor reinschnupperte, um dadurch reichlich Erfahrung sammeln zu können. Darüber hinaus enthält es unzählige Erfahrungen und Berichte betreffs Mantramistik nach Bardon, die wahre Runenmagie, zahlreiche Evokationen sowie Invokationen mit seinem Lehrer Anion, einen magischen Exorzismus, wie er bisher noch nie öffentlich geschildert wurde. Mentalreisen, Beeinflussungen, Übungen zur Gottverbundenheit, Erscheinungen, Alchemie, Heilungen mit den verschiedensten magischen Methoden z. B. Quabbalah oder durch die Elemente, Schutzgeist-evokationen und viele andere magische „Wunder" seines Freundes und Lehrers Anion. Auch einige magische Fotos in Farbe, ein bisher von Bardon unveröffentlichtes Akashafoto von Christus und ein Bild des schwebenden Meister Arion werden in diesem Buch preisgegeben. Der Inhalt ist viel reichlicher, als hier kurz beschrieben werden kann.

*

Magisches Gleichgewicht
Hohenstätten

Dieses Buch zeigt eindeutig, dass in allen anderen Systemen das „Gleichgewicht" genauso gebraucht wird, wie bei Bardons Werken. Er war nicht der Einzige, der das erwähnte, aber er war der Erste, welche es deutlich erklärte, denn die anderen Systeme sprachen nur durch das Symbol, welches nicht jedem Leser verständlich war. Obendrein bringen wir noch Unveröffentlichtes vom Meister Arion zu dieser Grundlage der

120

magischen Entwicklung.

*

Das Leben und die Erfahrungen eines wahren Hermetikers
Seila Orienta

Diese Autobiographie eines Magiers ist unübertroffen, denn bis jetzt hat kein einziger, okkult Geschulter, so offen und ehrlich gesprochen wie Seila Orienta. Er gibt in diesem Werk sein Leben bekannt, sowie seine zahlreichen und äußerst interessanten Erlebnisse und Erfahrungen. Es werden auch zum ersten Mal Fotos von Wesen der Sphären gezeigt, welche Franz Bardon höchstpersönlich in den 20ern gemacht hat. Des Weiteren schreibt Seila Orienta über die Sphären, über Dämonen, Logenkontakte und vieles, vieles mehr, was einem ehrlich strebenden Hermetiker das Herz übergehen lassen wird.

*

Das Leben des Franz Bardon
Hohenstätten

Dieses Buch beschreibt das Leben des Meisters außerhalb des Frabatos, welches seine Sekretärin – Otti V. – geschrieben hat. Es beinhaltet Erklärungen zu seiner „Biografie", weitere Einzelheiten über den Kampf mit der FOGC, seine Beziehung zu Wilhelm Quintscher und anderen Okkultisten, was alles bisher unbekannt war! Des Weiteren werden viele Erlebnisse seiner Schüler in Prag erzählt, verschiedene magische Leistungen und interessante Geschichten Bardons beschrieben, die bis dato unveröffentlicht sind. Es werden auch seine drei Lehrwerke und deren Wirkung auf die Öffentlichkeit von einem anderen, unbekannten Standpunkt geschildert, welcher durch bisher schwer zugänglichen Schriften unterstützt wird. Als Krönung wird seine aus dem tschechischen übersetzte „Runenschrift" zum ersten Mal veröffentlicht. Auch einige Seiten aus anderen unveröffentlichten Schriften von ihm sowie interessante Fotos des Meister Bardon und seiner Freunde werden hier preisgegeben und vieles, vieles mehr.

*

In Verbindung mit der Gottheit
Hohenstätten

Über das Thema der Gottverbundenheit mit all seinen Formen und

Methoden wurde bis heute noch nie ein Buch verfasst, geschweige denn eine Schrift geschrieben. Man findet in der okkulten wie in der östlichen Literatur nur spärliche Hinweise, die größtenteils verschlüsselt sind oder so geschrieben wurden, dass man sie kaum versteht. Im Gegensatz dazu wird in diesem Buch offen dargelegt, dass das 1. kleine Arkanum der 78 Tarotkarten die Gottverbundenheit in ihrer Reinform darstellt.

*

Hermetische Heilmethoden
Hohenstätten

Dieses Buch stellt in der okkulten Literatur ein absolutes Unikum dar, denn über die Gesamtheit der okkulten Heilmethoden wurde bis jetzt noch NIE etwas Sinnvolles geschrieben. Es werden alle Heilmethoden erwähnt, die der hermetische Schüler mit Hilfe seiner bisher erlangten Konzentrationsfähigkeit ausüben und verwenden kann.

*

Erste hermetische Zeitschrift

„Der hermetische Bund teilt mit" ist eine der wenigen magisch-mystischen Zeitschriften, welche sich soweit als möglich auf die universelle Lehre von Franz Bardon bezieht. Sie versucht sich an die Gesetze des 4-poligen Magneten zu halten und vermittelt Wissen sowie Hinweise für die Praxis, damit der Leser die Möglichkeit hat, sie in seinen hermetischen Weg aufzunehmen und für sich gewinnbringend zu verarbeiten.

Noch viel mehr hermetische Literatur finden Sie auf unserer Website: http://www.hermetischer-bund.com.

Viel Vergnügen beim Stöbern!

Der Verlag